Arnold Passow

Sophokleische Studien

Arnold Passow

Sophokleische Studien

ISBN/EAN: 9783744690836

Hergestellt in Europa, USA, Kanada, Australien, Japan

Cover: Foto ©Thomas Meinert / pixelio.de

Weitere Bücher finden Sie auf **www.hansebooks.com**

SOPHOKLEISCHE STUDIEN

VON

ARNOLD PASSOW.

BREMEN.

VERLAG VON C. ED. MÜLLER.

1864.

Die vorliegenden Abhandlungen sind theils aus Vorlesungen hervorgegangen, welche in wissenschaftlichen Vereinen gehalten wurden, theils durch den Unterricht in der Selecta des Halberstädter Gymnasiums veranlasst worden. Bei dem vielen Guten, was über Sophokles geschrieben wurde, konnte sich der Verfasser nicht verhehlen, wie schwierig es sei, einen Beitrag zu einem weiteren Verständniss des Dichters zu liefern. Wenn derselbe in der Abhandlung über die Antigone abweichender Ansicht von seinem hochverehrten Lehrer Boeckh sein musste, so wird ihm hoffentlich Niemand dies als Mangel an Pietät oder gar als Anmassung auslegen. — Diese Schrift kann durchaus keine besonderen Ansprüche machen; sollte sie aber dem gelehrten Publikum nicht missfallen und die Verehrer des Sophokles tiefer in seinen Geist einführen, so wird der Verfasser sich freuen, Stunden der Musse auf diese Weise angewandt zu haben, und sich dadurch bestimmen lassen, damit fortzufahren.

Halberstadt im Juli 1864.

Erstes Heft.

I.

Ueber das Verhältniss der Gottheit zum Menschen.

Wer wagt ein Herrschendes zu leugnen, das sich
vorbehält, den Ausgang unserer Thaten nach
seinem einzigen Willen zu bestimmen?

Goethe.

Der gewaltige Eindruck, den die griechische Tragödie
ausübt, wird theils durch die musterhafte, formelle Anordnung, theils besonders durch die sittliche Kraft erweckt,
mit der sie bessernd und veredelnd in uns wirkt. Und
doch liegt gerade dasjenige, was den Mittelpunct des antiken
Trauerspiels bildet, jene allmächtige Schicksalsgewalt, der
jeder Mensch unterworfen ist, in dieser Unbeschränktheit
unserer Denkweise ferne und widerstreitet dem Glauben
an das in Liebe vorsehende Walten Gottes. Auf der anderen Seite können wir uns der Wahrheit nicht verschliessen,
mit der hier menschliche Schwäche und Einfältigkeit geschildert wird; wenn dieselbe auch dem Grössten im Ueber-
muthe seiner Leidenschaft zum Verderben gereicht, so fühlen
wir uns durch die ernst eindringende Mahnung sittlich ge-
hoben und ringen danach mit allen Kräften unsere Leidenschaften zu zügeln. Die alte Tragödie, sagt Goethe, beruht
auf einem unausweichlichen Sollen. Alles Sollen ist aber
despotisch, das Wollen ist frei oder scheint so zu sein,
es begünstigt den Einzelnen. Durch das Sollen wird die

1

Tragödie stark und gross, durch das Wollen schwach und klein. Dieses ist der Gott der neuen Zeit und so bleibt unsere Poesie und Sinnesart ewig getrennt von der antiken. Die grössten Qualen, denen der Mensch ausgesetzt ist, entstehen aus jenem uns innewohnenden Missverhältniss zwischen Sollen und Wollen, dann aber zwischen Wollen und Vollbringen." —

Das griechische Theater war weit mehr als bei uns Gemeingut und diente nicht blos Zwecken der Kunst, sondern wie diese in der Religion wurzelte, und wie ihre höchste Aufgabe Darstellung der Gottheit war, ebenso hatte jenes wesentlich die Bedeutung eines religiösen Kultus. Hier hörte man die Sagen einer heldenmässigen Vergangenheit, deren nahe Verwandtschaft mit der Gottheit jedem aus dem Homerischen Epos bekannt war, in ihnen wurde die Begeisterung für die Grösse des Vaterlandes genährt, durch sie das religiöse Bewusstsein gekräftigt und aus ihnen ein unendlicher Reichthum von Lebensweisheit geschöpft, so dass sich die ethische Gesinnung des Einzelnen zugleich mit der politischen des ganzen Volkes in jeder Beziehung dadurch vervollkommnete. Alles menschliche Walten lässt sich auf ein höheres Allgemeines zurückführen, zu dem es in ewiger Abhängigkeit steht, wonach die Geschicke aller gelenkt werden und dem sich jeder fügen muss. Dass das moderne und antike Drama in ihrem innern Werthe so grundverschieden sind, beruht eben auf jener unserem Zeitalter widersprechenden Anschauung, die uns in allen Verhältnissen des Alterthums begegnet. In Hellas und Rom war der Bürger allein des Staates wegen da, und seine Bestimmung bestand darin, den Glanz und die Machtfülle desselben zu erhöhen. Aehnlich ist nach der Auffassung des griechischen Tragikers jeder ein Glied in der grossen Weltordnung des Zeus, deren ewigen, ungeschriebenen Gesetzen er sich nicht entziehen kann. Wir leugnen nicht, dass auf den ersten Blick für uns in dem gänzlichen Mangel einer individuellen Freiheit etwas demüthigendes, ja krän-

kendes liegt, und dass nach Schillers Worten für unsere
Vernunft fordernde Vernunft immer ein unaufgelöster Knoten
zurückbleibt, den zu entwirren Aufgabe des Christenthums
und der neuen Zeit war. Nichts desto weniger aber gelang
es dem Sophokles bis zu einer gewissen Grenze aus dem
eigentlich drückenden Einfluss einer blinden Schicksalsmacht auf freie Wesen ein naturgemässes und so zu sagen
ungezwungenes Verhältniss der letzteren zu jenen herzustellen. Dagegen konnte er den Widerspruch noch nicht
so weit ausgleichen, dass er ein deutliches Bewusstsein von
der Allgüte des Schöpfers hegte; die erquickende Vorstellung der vollkommensten Zweckmässigkeit im grossen
Ganzen der Natur war ihm unbekannt, und er wusste nicht,
dass auf der höchsten und letzten Stufe, welche der mora-
lisch gebildete Mensch erklimme, und zu welcher sich die
rührende Kunst erheben könne, um mich auch hier wieder
der Worte des Dichters zu bedienen, dieser und jeder
Schatten von Unlust verschwinde.

Die sittlich religiösen Grundsätze des Sophokles stehen
der Neuzeit ferner als die Anschauungen des Euripides auf
dem Gebiete der Religion und Philosophie. Denn obgleich
der menschliche Geist seit Homer bedeutende Fortschritte
gemacht hatte, und eine ganze Reihe von Entwicklungs-
perioden nachgewiesen werden könnten, welche alle auf
eine grössere Entfernung der Gottheit vom Menschen hin-
arbeiten und damit eine immer höhere Vergeistigung derselben gegenüber der ursprünglichen sittlichen Auffassung
herbeiführen, so befindet sich Sophokles doch als Dichter
des Perikleischen Zeitalters noch unter dem Einflusse der
vorsophistischen Philosophie, wogegen Euripides jenen an
und für sich so verwerflichen, aber für die Geschichte des
menschlichen Denkens unendlich wichtigen Ausspruch: der
Mensch ist das Maas aller Dinge, fast in allen seinen
Stücken mehr oder weniger anerkennt. Durch diesen einen
Ausspruch wurde das mächtige Werk des Homerischen
Glauben in seinen Grundfesten erschüttert, der gottesfürch-

tige Platon konnte es wagen, sich Aeusserungen gegen
Homer zu erlauben, die kurz vorher als Hochverrath aufgefasst wären, und dem ganzen gebildeten Publicum wurde
von nun an ein ganz neuer, bis dahin nicht geahnter Ideen-
kreis eröffnet. Die Hauptumwälzung auf dem Gebiete der
Philosophie erlitt die Ethik; sie, die bis dahin entweder
überhaupt nicht vorhanden gewesen war, oder nur als ein
den Gesetzen der Physik untergeordneter Theil betrachtet
wurde, stellte sich jetzt dieser ebenbürtig zur Seite. Und
dies ist für Beurtheilung des Dramas von Wichtigkeit.
Denn das Periklcische Zeitalter und das Drama des Sophokles
kannte noch keine Ethik im Sinne des Euripides. Dieser
ist reich an allgemein menschlichen Sentenzen, welche ihn
zum Abgott der Sophisten machten und die bald skeptischer,
bald rein reflectirender Art unter manchem Verunglückten
immer eine reiche Aernte des Guten abwerfen. Sophokles
dagegen lässt sich insofern mit dem Anaxagoras vergleichen,
als dieser den Schlussstein legte in der ersten Epoche der
griechischen Philosophie, jener unbeirrt in seinem Glauben
zum letzten Male es versuchte einen Homerischen Zeus
und seine Götterwelt darzustellen. Allerdings war er der
letzte, aber eben darum fasste er ihn in einer Idealität,
welche nur nach einer Folge von Metamorphosen gedacht
werden konnte, die der Gott in dem hellenischen Geiste
durchzumachen gehabt hatte. Aus dem Gesagten ergiebt
sich, dass alles, was etwa von ethischen Vorstellungen bei
Sophokles sich findet, nicht auf menschliche Gefühle und
Empfindungen zurückgeführt werden darf, sondern es hat
seine Berechtigung nur darin, dass es von der Gottheit befohlen und eingerichtet ist. Der Dichter ordnet also die
Sitte des Einzelnen einem allgemeinen, ausser ihm stehenden
Sittengesetze unter. Schroffheiten, die uns hin und wieder
bei dem sonst so milden Sophokles auffallen in Thaten und
Aussprüchen einzelner Personen, sind hieraus zu deuten.
Wenn Elektra ihrem Bruder zuruft: Schlag zu zum zweiten
Mal, als dieser den Mord begeht an Klytaimnestra, so

erstarrt dabei jedes Gefühl in uns, wir begreifen nicht, wie
die Tochter aller Liebe gegen die Mutter vergessen konnte,
und tragen kein Bedenken, ein solches Wort für unsittlich
und sogar roh zu erklären. Wer hätte in solchem Augen-
blicke bei einem weiblichen Gemüth nicht Regungen des
Mitgefühls oder einer erwachenden Liebe erwartet? In den
Augen des Sophokles würde indessen dem Character der
Elektra gerade etwas Unsittliches hierdurch angeheftet sein;
denn sie steht im Dienste eines Sittengesetzes, gegen das
Einzelgefühle nicht aufkommen dürfen, wenn sie die vom
Dichter geschilderte Heldin des Stückes bleiben will, jenes
Sittengesetzes: Ehre und räche deinen ungerecht erschlagenen
Vater. Auch Antigones Bruderliebe kann von diesem Stand-
puncte erst ihre wahre Würdigung erlangen.

Den 'Hauptübergang zwischen Homer und unserem
Dichter bildet Aischylos, dessen Verdienst es war, die
dramatische Kunst dem Athenischen Bürger zu seiner ganzen
geistigen Entwicklung unentbehrlich zu machen. Dronke
in seinen vortrefflichen Abhandlungen über die religiösen
und sittlichen Vorstellungen des Aischylos und Sophokles
hat uns die ganze Grösse dieses Mannes treffend geschildert,
indem er ihm das Verdienst beimisst, das höchste sittliche
Princip der Menschheit über die Geschlechtssünde nicht nur
allein erkannt, sondern auch den Begriff der Schuld und
ihre Folgen in dem weiteren Umfange des Geschlechts-
fluches entwickelt zu haben. „Der rächende Geschlechts-
dämon, führt Dronke fort, welcher durch die grauenvolle
Schuld des Ahnherrn auf ein ganzes Geschlecht herabge-
rufen wurde, war bei Aischylos der Ausdruck für die Vorstellung, dass aus der Schuld des Urahns her die Neigung
zum Frevelhaften sich in allen Nachkommen fortpflanze.
Nur noch die schmale Schranke trennte den Dichter von
der vollen, uns durch Offenbarung gewordenen Wahrheit,
dass er das, was er im einzelnen Geschlechte erkannte,
nicht auf das ganze Geschlecht der Sterblichen übertrug.“
Bei der Vergleichung der beiden grossen Tragiker (pag. 60)

kommt Dronke dann zu dem Ergebniss, dass Sophokles die geläuterte Aischyleische Auffassung bei der dämonischen Bethörung festhalte, indem er sie ebenfalls als psychologisch begründet ansehe, dass er dagegen bei dem Geschlechtsfluche, in Nichtachtung des von seinem Vorgänger errungenen Fortschrittes, wiederum eng an dem alten Volksglauben und die Ueberlieferung des Mythos anschliesse, ja hierbei durchaus nicht einen Zug von Fatalismus in seine Dramen aufzunehmen vermeide. Ohne die treffende Untersuchnng über den Aischyleischen Geschlechtsfluch angreifen zu wollen, können wir doch mit Dronke darin nicht übereinstimmen, dass derselbe als höchstes ethisches Problem aufzufassen sei, welches von dem Tragiker, ja dem höchsten vielleicht, welches überhaupt von der antiken Welt aufgeworfen ist (pag. 38). Denn wenn die Freiheit des Willens in diesem Geschlechtsfluch auch noch so sehr von Aischylos gewahrt wird, so ist der Einzelne doch schliesslich immer nur ein Glied des Geschlechtes, und wenn behauptet wird, dass der Mensch ja auch nur ein Glied des Menschengeschlechtes sei, so bleibt doch immer die höchste Aufgabe, deren Lösung sich die Ethik stellt, in welcher Weise sich das Recht des Einzelnen in harmonischen Einklang setzen lasse mit dem allgemeinen, göttlichen Sittengesetz oder, wie der Einzelne zu verfahren habe, um die wahre Glückseligkeit und Zufriedenheit der Seele zu erlangen. Da nun Sophokles in seinen Dramen mit dieser Frage sich ganz beschäftigte, so konnte von einem Geschlechtsfluch im Aischyleischen Sinn bei ihm gar nicht die Rede sein. Er fasste den vom Volke ihm überkommenen Mythos nur als den Stoff auf, aus dem er seine Tragödien fertigte und dem er denselben zu Grunde legte. Das Aufgeben der trillogischen Form war nicht blos etwas äusserliches; dadurch dass die zu einem Ganzen gehörende Masse auf den dritten Theil reducirt wurde, liess sich eine Entwicklung der Sage nach inneren Motiven nicht mehr herstellen. Sie war das Gegebene, das der Dichter nicht entbehren konnte, weil es gleichsam der Ausfluss war jener über allen Dingen thronenden Schicksalsmacht, nach deren Maasstab der Mensch gerichtet wird. Der Aischyleische Geschlechtsfluch findet seine Grenze in der Gnade des allmächtigen Zeus, Sophokles dagegen erkennt die einzige Hülfe und Rettung des Einzelnen in der gänzlichen Unterordnung unter den göttlichen Willen, und da ihm dies hier auf der Erde nicht ausführbar erscheint, so verweist er auf ein glücklicheres Dasein nach dem Tode, der nur zu oft unserem Leiden ein Ende macht. Der Fortschritt von Aischylos auf Sophokles liegt deutlich vor. Wenn jener diesem in der vollkommenen Verschmelzung von Gott und Nothwendigkeit vorgearbeitet und beide als gerechte Weltordnung aufgefasst hatte, deren einheitlichem Begriff sich alles fügt und nach deren Regelung sich auch das Verhältniss des Menschen gestaltet, so richtete Sophokles, der diese Anschauungen bei seinen Zuhörern voraussetzen konnte, sein Augenmerk darauf, diese auch von ihm anerkannte Gottesidee mit dem Einzelnen dadurch zu versöhnen, dass er sie in nähere Beziehung zu demselben setzte. Denn mit Aischylos ist die im Homer nur Ahnungsweise begriffene Schicksalsmacht, nachdem sie in die Gottheit aufgegangen ist, bis zur höchsten Consequenz dem Individuum gegenüber ausgebildet, eine Consequenz, die uns in dem Geschlechtsfluch auf das bestimmteste und klarste entgegentritt. Da er in seinen heiligsten und tiefsten Empfindungen von der Nothwendigkeit einer Unterordnung unter diese von ihm vergelstigte Gottheit durchdrungen war und die Abhängigkeit von ihr bei der Hinfälligkeit des menschlichen Daseins auf eine keinesweges drückende Weise empfand, so war damit zugleich für das Drama der Standpunkt des Fatalisten überwunden, der z. B. bei Sophokles in der Person des Aigisthos als eine ganz nebensächliche und gleichgültige Erscheinung vorgeführt wird. Während also bei Aischylos der Einzelne als ein Glied des Geschlechtes der Schicksalsmacht gegenüber wenig berücksichtigt wird, und aus diesem Umstande allerdings eine überwältigende Kraft seiner Stücke erwächst, liegt die Meisterschaft des Sophokles, der bekanntlich vor allem dem künstlerisch harmonischen Gesetz der Schönheit folgt, darin, ein Gleichmaass in den Verhältnissen herzustellen. Zu diesem Zwecke bedarf er einer psychologisch durchgeführten Characterzeichnung der handelnden Personen, er muss ihre innere Entwicklung vom Guten zum Schlechteren nachweisen, und damit zeigen, wie die Schicksalsmacht, welche von Aischylos aus einem allgemein menschlichen Standpuncte betrachtet wurde, in dem Einzelnen als eine gerechte sich verwirklicht. Desshalb entsprechen die Sühnungen, welche den Sophokleischen Helden zufallen, dem Fehlerhaften in ihrem Wesen, wodurch sie sich jene zugezogen haben.

Diese Characterschilderung unterscheidet sich indessen sehr wesentlich von der unserer modernen Dramatiker; sie muss desshalb eine durchaus einseitige sein, weil die innere Welt des menschlichen Geistes in seiner ganzen Beweglichkeit dem Dichter noch nicht zum Bewusstsein gekommen war. Abgesehen davon dass nach der Vorschrift des Aristoteles, um Furcht und Mitleid zu wecken, nur edle Charactere auf die Bühne gebracht werden dürfen, es versenkt sich Sophokles auch, weil er stets die höhere Weltordnung im Auge hat, wonach der Mensch gemessen wird, vollkommen in die eine Eigenschaft des handelnden Subjectes, welche dasselbe entweder zum Sturze bringt, oder die ihm die Fähigkeit giebt, seine Idee durchzuführen. In dieser Einseitigkeit besteht die Grösse des Sophokleischen Dramas, ebenso wie dem modernen gegenüber seine Mangelhaftigkeit. Die Helden des Sophokles beharren mit der eisernsten Consequenz in dem von ihnen eingenommenen Standpunct, jedes individuelle Gefühl verstummt, und ohne rechts oder links abzuweichen verfolgen sie ein Ziel, welches ihnen eine sociale staatliche oder göttliche, über und ausser ihnen stehende Ordnung ihrem Glauben nach vorschreibt. Jeder einzelne Zug wird dazu benutzt, uns die Charactereigenthümlichkeit des betreffenden Helden so klar als

möglich zu entwerfen, welche sich bis zum entscheidenden
Augenblick unausgesetzt steigert. Der Fortgang der dramatischen Kunst zwischen Aischylos und Sophokles ist derselbe wie zwischen Sophokles und Euripides, und wenn
wir auf Homer und Pindar zurückgingen, so würden wir
in ihren religiösen Anschauungen eine entsprechende Weiter-
entwicklung beobachten. Die Philosophie, der sich kein
denkender Mensch entziehen kann, damals vom Allgemeinen
zum mehr Besonderen gehend, bemüht sich dem Subject
eine immer grössere Freiheit gegenüber dem Object einzuräumen.

Ehe wir in unserer Untersuchung fortfahren, machen
wir bei Sophokles einen Unterschied, insofern derselbe bald
seinen eigenen Glauben und damit zugleich den der damaligen, gebildeten Welt Athens wiedergiebt, bald um
mich so auszudrücken, dem allgemeinen Volksglauben
Rechnung trägt. Die letztere Seite tritt nur in den Chorliedern hervor, in denen sich noch Anklänge an jene Viel-
gliederung des Homerischen Götterstaates vorfinden; freilich
in jeder Beziehung nur Anklänge. Denn das Meiste, was
sich an polytheistischen Anschauungen in jenen hochpoetischen
Gesängen nachweisen lässt, muss auf den Localcultus des
jedesmaligen Landes zurückgeführt werden. Als solchen
feiern die Männer von Theben den Bacchus, der mit
tanzendem Fusse ihre Vaterstadt durchziehen solle. Derartige Götter aber haben wir uns als heilige Schutzpatrone
zu denken, die jedoch über das Schicksal der Menschen
nicht die geringsten Befugnisse haben. Selbst der erhabene
Poseidon des Koloneischen Oidipus wirkt nicht im minde-
sten bestimmend auf das Schicksal des vertriebenen Königs,
und Ares, der öfter in Chorliedern vorkommt, nebst Artemis,
welche bisweilen als Schwester Apollons gepriesen wird,
sind Gottheiten von untergeordnetem Einflusse, weil sie
aufhörten jener Homerischen Genossenschaft anzugehören,
an deren Spitze Zeus selbst stand, und in der sie einst
nothwendige Glieder gewesen waren. Diese Trümmer einer

poetisch reich begabten Vergangenheit reichen nur sporadisch
in das Sophokleische Zeitalter hinein. Auch in den Sagen
bewahrt der Dichter den Namen von Göttern, wie der
Artemis von Aulis, um derentwillen Agamemnon seine
Tochter opfern musste. Aber weder für Klytaimnestra noch
Elektra ist diese in ihrer Handlungsweise bestimmend.
Noch weniger ist von einer Verkörperung der Gottheit nach
Homerischem Vorgange die Rede; Pallas Athene erschien
im Anfange des Aias dem Odysseus, aber sie war unsicht-
bar, und wenn der Chor in der Antigone von dem goldnen
Regen des Zeus singt, den Danae in ihrem Schoosse barg,
oder Ixion es gewagt haben soll sich frevelnd dem Ehelager
des Zeus zu nahen, so beweisen uns diese Sagen höchstens,
dass der Dichter sowohl den Glauben an ein gewesenes,
von Göttern abstammendes Heldengeschlecht, wie auch die
im Volke lebende Heilighaltung alt hergebrachter Mythen
festhielt und in dem Gedächtniss seiner Zuhörer zu bewah=
ren suchte. Dass übrigens Sophokles an dem Vorhanden-
sein eines Heldengeschlechtes nicht zweifelte, dazu braucht
nur an Herakles erinnert zu werden, ja noch mehr alle
wichtigeren Personen seiner Tragödien gehören ihm an
und geben denselben, dadurch dass sie über den gewöhnlichen Menschen sich erheben, erst ihren wahren Werth.
So kommen wir zu dem Ergebniss, dass die schuldige
Ehrfurcht allerdings dem Volksglauben, der von den Vätern
ererbt ist, nicht versagt wird, dass aber unser Dichter sich
damit nicht begnügte, werden wir im Verlaufe zu zeigen
uns bemühen.

Wir tragen kein Bedenken die fast monotheistische
Auffassung des Aischylos von Gott insoweit auch auf den
Sophokles zu übertragen, als nur ein Gott wirklich über
das Schicksal des Menschen bei ihm entscheidet, und dieser
eine ist Zeus. In ihm glaubt Sophokles den Allmächtigen,
der alles sieht und hört, der den Sternen benachbart, der
Fürst des Weltalls ist, helfend und rettend tritt er ein, wo
Unrecht widerfährt; die höchsten, ungeschriebenen Gesetze

der Blutsverwandtschaft und des Gastrechts, des Eides und
der Heilighaltung der Gottheit stehen unter seiner Obhut.
Er wird von den Leiden und Schmerzen, ebenso wenig wie
von den Freuden der Sterblichen berührt, und in ewig
gleichmässiger Ruhe, nie von Leidenschaften durchtobt,
denen die Menschen und am meisten grosse Erscheinungen
unterworfen sind, bleibt er der ewig gerechte Richter, in
vieler Beziehung nicht unähnlich dem Gotte des Xenophanes.
Die ganze Welt des Sophokles ist eine Ideale, und schon
Aristoteles sprach dies aus, als er ihn dem Euripides gegen-
überstellte: der eine bilde seine Charactere, wie sie sein
sollten, dieser, wie sie sind. Am idealsten aber musste
nach der ganzen frommen Denkweise des Dichters die
Auffassung des ersten Gottes sein, der weder dem Schlafe,
noch den rollenden Monden der Zeit unterworfen ist und
dessen Nähe sich dem Menschen offenbart in seinen leuch-
tenden Wahrzeichen, den Blitzen, oder der ihnen seinen
Willen kund giebt durch den Mund seines Sohnes Apollon.
Apollon nimmt nun freilich in den Sophokleischen Stücken
eine ganz besonders hervorragende Stellung ein, er kommt
sogar verhältnissmässig öfter vor als sein Vater, der ihn
als Hypophetes gebraucht und der in seiner Unnahbarkeit
dem Menschen ferner steht. Unter dem Gotte an und für
sich haben wir, wenn nicht kurz vorher von einer anderen
Gottheit geradezu die Rede war, den Apollon zu denken.
Man kann seine räthselhaften Orakel als die Vermittler
zwischen Gott und Mensch ansehen, da der Erdgeborene
aus eigenem Vermögen die göttlichen Geheimnisse zu enthüllen unfähig ist. Je weniger dem Zeus das Wohl und
Weh des einzelnen Menschen am Herzen lag, weil er nach
dem Grundsatz einer allgemein gültigen Gerechtigkeit rücksichtslos das Schicksal bestimmt, je weniger er aus seiner
ewig gleichmässigen Ruhe zu einer Thätigkeit gegen den
einzelnen Menschen herabsinkt, um so mehr war dem
Sophokles ein Gott von nöthen, welcher sich die Läuterung
und Besserung des einzelnen Menschen zur Aufgabe stellte.

Mangel an Selbsterkenntniss erzeugt in uns die grössten
Fehler, und dieser Mangel ist der Hebel, aus dem mehr
oder weniger der Conflict in sämmtlichen Sophokleischen
Stücken bewirkt wird. Erwägen wir aber, dass, wie oben
schon gesagt, eine psychologische Entwicklung des inneren
Menschen dem Dichter Hauptaufgabe war, so wird es nur
begreiflicher, dass eben Apollon die lenkende und leitende
Gottheit der meisten Dramen des Sophokles wurde, er der
über seinem Tempel den Wahlspruch hatte: Erkenne Dich
selbst.

Im Aias scheint indessen Athene, als die grosse Geg-
nerin des in seinen Leidenschaften zügellosen Helden, die
Rolle des Apollon übernommen zu haben. Sie beraubt den
Aias seiner Sinne und sendet den Wahnsinnigen unter die
Heerden der Griechen, ja sie selbst zeigt den Rasenden
im Anfange des Stückes ihrem Lieblinge, dem Odysseus.
Zuvörderst dürfen wir hierbei nicht vergessen, dass Aias
nach der Sage gegen Athene gefrevelt hatte und dass der
Dichter sich in dieser Beziehung eine Abänderung nicht
erlaubte; ähnlich hatte Agamemnon einst die Artemis ge-
kränkt. Ferner wurde Athene, die hochgepriesene Göttin
seiner Vaterstadt, vom Dichter jedenfalls höher gefeiert, als
die zahllose Menge anderer für ihn untergeordneter Götter,
und endlich beachte man, dass Kalchas, wollen wir ihn
einen Seher des Zeus oder Apollon nennen, dem Teukros
das Schicksal des Aias vorhersagt: bleibe er an diesem
einen Tage in seinem Zelte, so werde er gerettet werden;
denn nur einen Tag dauere der Zorn Athenens. Wenn
mit diesen Worten die Berechtigung der Beerdigung dem
Aias zugesprochen und damit der zweite Theil des Stückes
eingeleitet wird, so erhellt zugleich aus ihnen, wie auch
hier wiederum die letzte Bestimmung, welche dem Helden
von Seiten der Gottheit zugedacht ist, uns nicht aus dem
Munde Athenens sondern eines Sehers zu wissen gethan
wird. Einen Zeus oder Apollon würde Sophokles schwerlich auf die Bühne zu bringen gewagt haben, that er es

bei Athene, so mag der Homerische Odysseus, der von dieser Göttin unzertrennliche Held, die erste Veranlassung dazu hergegeben haben. Ausserdem war den Zuhörern gegenüber eine starke Rechtfertigung erforderlich, wenn einer der Athenischen Heroen auf der Bühne rasend erschien. Desshalb wird Aias uns in diesem Zustande durch die Göttin Athene selbst gezeigt, welche er übermüthig verhöhnt hatte.

Die Seherkunde, welche im Dienst des allsehenden Gottes steht, der ohne Rast die Greuelthaten und Frevel der Menschen verfolgt, bis sie zur Strafe gezogen sind, beruht bei Sophokles auf dem unfehlbaren Verständniss des göttlichen Willens. Von einem Priesterbetrug findet sich bei ihm keine Spur. Härter konnte dem Kreon auf sein Wort, ich will dem Seher feindlich nicht widersprechen –– von Teiresias kaum geantwortet werden, als: und doch behauptest du, ich prophezeihe Lügen! (Ant. 1053 fg.) Die Sophokleische Antigone führt uns überhaupt in die Werkstätte, wo die prophetische Kunst ihr Wissen sich bereitet, in die Kreise heiliger Opferhandlungen, aus denen der Geist, weltlichen Störungen abgewendet und frei von bestimmenden Einflüsterungen, unter dem Schutze der Gottheit die Offenbarungen des höheren Willens und Verfügens über menschliche Dinge deutet. Der Seher erkennt hier nicht nur, ob der Gott einem Menschen, Staate oder einer Stadt zürne, nicht nur was für ein Frevel den Zorn des Gottes errege, sondern auch welche Strafe als die entsprechende zu gewärtigen sei. Auf dieses Gebiet sittlicher Nothwendigkeit ist das Wissen der Sophokleischen Prophetie verwiesen und beschränkt. Die menschliche Gesinnung, die Schwankungen des menschlichen Herzens und Gemüthes kennt ein Seher erst dann, wenn sie sich in Reden und Thaten geäussert haben; sogar die Gottheit lässt sie bis dahin unbeachtet. Kalchas weiss es, dass Aias beim Abgang von Salamis zum Vater gottlos geredet, er weiss es, dass er der Göttin ermuthigenden Zuspruch zum Kampfe

schnöde zurückgewiesen, er kennt und verkündigt den Angehörigen jenen einen verhängnissvollen Tag. Teiresias in
der Antigone weiss es, dass Kreon, wofern er in seiner
Hartnäckigkeit beharre, alsbald sich mit dem Blute des
ganzen Hauses beflecken werde. Doch war für beide, für
Kreon und Aias noch Rettung möglich, und die Frist dieses
Schwebens zwischen Erliegen und der Möglichkeit eines
gebesserten Zustandes vermitteln die Seher in ihrer Stellung
zwischen Gottheit und Heroenthum, ohne der Freiheit
menschlichen Handelns Grenzen zu setzen. Auch in den
Trachinierinen hatte das Orakel klar genug die Unsterblichkeit und Vergötterung des Herakles in der Vollendung
seiner Erdenmühen dargelegt, aber der Held verstand seine
Bedeutung nicht, bis er die Erfüllung schon an sich selbst zu
erfahren begann. Wie viel mehr musste daher die Weissagung
für Dejaneira geheimnissvoll sein, um ihre Hoffnungen und
Befürchtungen in die qualvollsten Gegensätze mit einander
zu bringen! — Aus der Kunde von dem zürnenden Sinn
der Götter ist die Priesterweisheit auch über die Ursachen
desselben belehrt und kennt ebenso die zu gewärtigende
Busse und Bestrafung.

Der hohe Beruf eines Sehers bestand darin, zwischen
der Gottheit und Staatsgewalt zu vermitteln, jedoch nicht
bevor gehandelt ist. Sich zu erklären durch Wort und
That ist des Menschen unantastbares Recht, und den Willen
des Sterblichen lässt die Gottheit frei. So wie z. B. Orest
in der Elektra mit sich darüber einig ist, dass ein höheres
Gesetz der Mutter Strafe erheische, fragt er den Gott nicht,
ob, sondern nur in welcher Weise er diese zu vollstrecken
habe (El. 33) und hierauf antwortet Apollon: Er solle mit
listiger Hand den gerechten Mord begehn. Fortan ersinnt
Orest dann seinen Plan und führt ihn heldenhaft durch;
eine solche Festigkeit ärntet der Götter Beifall. Ganz
anders verfährt Aischylos in der Orestee (vgl. Blümner Jd.
des Schicks. p. 57 ff.). — Ist aber einmal durch die Handlung ein sicheres Zeichen des Willens gegeben, so kann

die Gottheit durch Orakel und Seherkunde den Schaden, den die That stiften musste, nur mildern und verzögern, ehe die strafende Hand der Gerechtigkeit zuschlägt. Und diese Zwischenzeit ist dem Seher zu seiner vor Unheil warnenden, menschenfreundlichen Wirksamkeit gestattet, immer jedoch mit der Beschränkung, dass der menschlichen Willkühr kein Eintrag geschehe. Allein unter dieser Voraussetzung sind der Welt lenkende Wille eines höheren göttlichen Schicksals und der subjective Wille des Einzelnen die vornehmsten, im Streite mit einander begriffenen Theile und Glieder der Handlung einer Sophokleischen Tragödie. Dafür zeugen das Verfahren des Kalchas im Aias, des Teiresias in der Antigone und die doppelsinnigen Aussprüche in den Trachinierinen.

Wir versuchen es jene Grundüberzeugungen des Sophokles von menschlicher Freiheit, vom Seherberuf und der göttlichen Gerechtigkeit an der Teiresias Scene im Oidipus wieder zu verdeutlichen. Es war dem Teiresias bekannt, dass Oidipus durch seine Thaten die natürliche Grundlage aller gesellschaftlichen Sittlichkeit untergraben hatte, zum Theil freilich unbewusst, jedoch unzweifelhaft im Antrieb von Leidenschaften des Zornes und Ehrgeizes oder aus dem unsittlichen Mangel an Selbsterkenntniss. Die Prüfung des eignen Ichs sollte und konnte dem Könige nicht erlassen werden, nur Winke zur Erleichterung des Schweren blieben dem Scher gestattet. Hätte jener diese begreifen wollen, so wäre die Gottheit mit der Selbstverbannung befriedigt gewesen und das Land gesühnt. Aber sein Gewissen glaubt sich frei von jeder Schuld, auch von jener, welche bei einem solchen Zusammentreffen mit Teiresias laut zu ihm hätte reden müssen. Den Mord am Dreiwege hatte er doch nicht bewusstlos begangen! Wenn aus der Oidipus Sage die Macht des Schicksals über der menschlichen Freiheit erhellt, so erinnern wir auf der anderen Seite gerade in der Peripetie dieser Scene, wie fromm und frei der Dichter jene göttliche Macht als Verwalterin der

sittlichen Welt auffasst, und wie wenig er geneigt ist, den
Zwang eines starren Schicksals gegen das Streben eines
edlen Gefühls geltend zu machen, wodurch die Zurechnung
der Handlung unter Menschen aufgehoben wurde. Selbst
das Orakel, welches den Untergang der Labdakiden ver-
kündete, war nicht unbedingt gegeben, sondern gegründet
auf die Kunde der Moira, dass die Familie durch eigne
Leidenschaft ihn herbeiführen werde. Gleich der erste
Wehruf des Teiresias in der besagten Scene kündigt uns
an, dass er bei seinem Erscheinen nichts wusste von der
Stimmung des Königs, in der er sich an ihn wenden werde,
an ihn, den Kundigen über Ausgesprochenes und Unaus-
gesprochenes, über Irdisches und Himmlisches, über Per-
sönliches und Staatliches. Erst jetzt erfährt er durch des
Oidipus unumwundene Bitte um Aufschluss über den Mörder, dass dieser an sich selbst gar nicht gedacht hatte.
Berufen mittelst göttlicher Weisheit Segen zu verbreiten,
sieht der Seher jetzt sein Erscheinen vor dem Fürsten als
eigene Unbesonnenheit an, und voll des Mitgefühls darf
er doch die ganze Wahrheit nicht aussprechen, ohne der
höheren Bestimmung und dem allein noch möglichen Heile
des Landes und Landesfürsten zuwider zu handeln. Denn
Oidipus musste in sich forschen, Teiresias aber durfte dies
nicht hemmen, wenn er den Willen der Gottheit achten
wollte. Mittleid und Sorge, er möchte zu viel sagen, durch-
kreuzen sich in seinen Worten (vgl. 329. 320. 332); aber
nach kurzer Wechselrede belehren des Oidipus zügellosere
Schmähungen, dass Rettung kaum noch möglich ist. Dieser
lebt und athmet, wie Kreon in der Antigone, alsbald nur
noch im Widerspruch, indem er sich mehr und mehr in
seinem Argwohne verhärtet, weil Teiresias ihm ruhige
Würde entgegenstellt und trotz aller herausforderndcn Giftgeschosse des Königs auf der Höhe siegreicher Besonnenheit
zu keiner ihm nicht zukommenden Aussage sich verleiten
lässt. Mit einer entschiedenen, unbeschränkten Weigerung
(343. 4.) hätte Sophokles den Seher abtreten lassen können,

wenn er nicht gleich im Beginn des Dramas die maaslose Verblendung des Königs hätte aufdecken wollen. Daher wird dem Gespräche eine ganz andere Wendung gegeben. Oidipus kommt zu dem tollen Argwohn, Teiresias selbst sei der Mörder, und um dieser Hauptschuld willen verdient er nach der theologischen Ansicht der Alten ohne jede Schonung zu leiden. Nach einem solchen Frevel gegen den geheiligten Seher, wo dieser ganz eigentlich im Beruf und Auftrag der Gottheit redete, war die Gnadenzeit abgelaufen. Der König selbst hatte bei der Starrheit seines Willens und der Fortsetzung alter wie neuer Gottlosigkeiten das dunkelste Loos aus der Urne sich gewählt und dem Seher die Zunge gelöst: Rede von Stund' an weder zu diesen Bürgern hier, noch zu mir, der Du selbst des Landes gottloser Beflecker bist! Der König aber, eben noch überzeugt von des Sehers Allwissenheit, wird jetzt durch ein solches Wort nicht mehr erschüttert. Mit dem Worte um des Staates Wohl, in der Tiefe seines Herzens um die Krone besorgt und voll Argwohns gegen fremde, eingebildete Verbrechen, aber nicht den eignen, wirklichen nachspürend ruft er schliesslich des Sehers wichtige Antwort hervor: dir schiebe ich die Verantwortung meiner vielleicht allzu unverstellten Aussage zu; von dir allein weiss ich, dass du bei gänzlicher Entäusserung eines Apollinischen Erkenne dich selbst, rettungslos deinem Schicksale entgegen gehen wirst (357 ff.). Schon jetzt wusste er die verspätete Erwiderung des Oidipus auf die Frage des Chores: Welcher Dämon hat dich geblendet? Sie konnte keine andere sein: Apollon, Apollon war es (1330 u. 4)! In unserer Scene ist einer der schmerzlichsten Momente für eine Menschenseele enthalten, in der sich himmlische Weisheit und menschliches Mitgefühl vereinen.

Da der Mensch in steter Gefahr lebt, sich den göttlichen Zorn zuzuziehen, und da er das Bedürfniss hegt, den Willen der Himmlischen zu erkunden, so wendet er sich zur Prophetie und zum Orakel, welche beide seine Besonnenheit um so mehr verlangen, als sie einen doppelsinnigen Trost gewähren. Das Sophokleische Schicksal ist aber stets gerecht und unterscheidet sich dadurch vom Zufall. Als solches muss es sich erfüllen und zwar so, dass der sündhafte Mensch in seiner Bethörung der Strafe entgegeneilt, ohne sie vorher zu sehen. Hierin offenbart sich das, was man die Ironie des Schicksals nennt, indem es sein Opfer höher zu heben scheint und nachher desto tiefer sinken lässt, indem es die menschliche Grösse vor uns zu entfalten scheint, während es die menschliche Schwäche enthüllt.

Nachdem wir die bedeutungsvolle Stellung Apollons und seiner Seher beobachtet haben, bleibt uns eine andere Gottheit in Betracht zu ziehen, welche im Hades für die Unterirdischen von nicht geringerer Wichtigkeit ist als dieser. Die Furien, jene alles sehenden und nichts vergessenden Töchter der Erde und des Tartaros handeln und verfolgen im Auftrage des abendlichen Gottes oder Zeus Chthonios, sie rächen jeden Mord, welcher ungerecht begangen ist und ruhen nicht eher, als bis der Mensch durch die entsprechende Busse reuevoll sich mit ihnen ausgesöhnt hat. Denn sie bewachen den Eingang zur Unterwelt, und erst wenn sie aufhören als die furchtbaren und strafenden Göttinnen zu erscheinen, erst wenn sie als Eumeniden gnädig sind, vermag der Lebende zu den Todten einzugehen, deren Wohnsitz dem Sophokles nicht sowohl als ein Ort des Grauens und Entsetzens galt, sondern als eine Ruhestätte, wo wir, wie Antigone sagt, immer sein werden, und um derentwillen wir bestrebt sein müssen den unteren Göttern zu gefallen. Aus Antigone und dem zweiten Oidipus erhellt ganz bestimmt, dass obere und untere Götter dem Dichter nicht zusammenfallen. Auch der Hades besitzt seine Gesetze, deren Uebertreter ein oberer Gott nicht in Schutz nehmen darf. Der Hauptfrevel des Kreon besteht darin, dass er sich an einen Todten vergreift, dessen Nicht-Bestattung eine Verletzung des vorzüglichsten Gesetzes der

Unteren war. Fluch des Vater- und Gattenmordes, der die
Frucht dieser That ist, überliefert den unglücklichen Fürsten schonungslos den Händen der Erinnyen. Weil aber
die Götter der Todten eben nur auf diese ihr Regiment
ausdehnen und weil sie über die Lebenden nur ein Recht
erhalten, wenn diese gegen einen Todten gesündigt haben,
so fand der Dichter theils, theils wollte er keine Gelegenheit finden, seine Ansichten über den geheimnissvollen
Staat der unteren Götter im Drama ausführlicher niederzu-
legen. Es ist bezeichnend, dass die Griechen und so auch
Sophokles unter Hades bald den Gott bald die Unterwelt
selbst verstehen, dass sie für Pluton und Persephone eine
Reihe der verschiedenartigsten Benennungen besitzen, und
dass sich den gebildeteren Leuten im Sophokleischen Zeitalter an die Stelle des einstigen Todtenreiches die Vorstellung eines Jenseits gegenüber der diesseitigen Welt
Bahn gebrochen hat, ein allgemeiner Ausdruck, mit dem
über die Art und Beschaffenheit des Lebens nach dem
Tode gar nichts ausgesagt wurde. Je heiliger und weniger
schreckhaft unserem Dichter der Tod war, je mehr er davon überzeugt war, dass er nicht sowohl eine Strafe als
eine Erlösung sei, dass eine traurige Einsamkeit im Leben
ohne Freunde und Angehörige oder die Peinigungen eines
gefolterten Gewissens härteres und schwereres Leiden ver-
ursachten, um so idealer mussten auch hier wieder seine
Anschauungen sein und das Bedürfniss diese geheimnissvolle
Welt sich zum klaren Bewusstsein zu bringen zurücktreten.
Gerade dies lehrt uns der zweite Oidipus. Wenn im ersten
das Alles offenbarende Licht des Apollon verherrlicht wird
und die göttliche Fama selbst als Offenbarungsstimme ihre
Triumphe feiert, so liegt in diesem eine Art verklärender
Apotheose der Nacht und des Todes. Der Blinde zeigt dem
Sehenden den Weg und den Hain mit der Stätte seines
Grabes, wo er ausruhen soll. Sein ganzes Sinnen und
Trachten ist darauf gerichtet mit einer Welt abzuschliessen,
die ihn überall an seine Schande erinnert, und diese mit

einer anderen einzutauschen, wodurch sein jetzt so hin-
fälliger Leib noch Segen dem Athenischen Lande zu spen-
den bestimmt ist. Aber nur Theseus, der nach dem göttlichen Willen den Verstossenen gegen seine Verfolger in
Schutz nahm, nicht einmal die eignen Kinder kennen die
Stätte, wo der greise Vater zu den Todten einging. Sein
ganzes wunderbares Verschwinden soll den Lebenden ein
Geheimniss bleiben, wie jedem das Jenseits immer ver-
schleiert bleiben wird. Die Sehnsucht nach dem Tode,
welche in der gänzlichen Hingebung des Mannes an eine
höhere himmlische Kraft ihre vollkommene Berechtigung
erhält, offenbart sich in allen seinen Handlungen, und die
Art seines Todes ist für ihn ein Triumph, den er sich durch
Reue und Busse errungen hat. Ganz anders scheint es
sich für unser religiöses Gefühl mit dem Selbstmord des
Aias zu verhalten, welchen Sophokles gleichfalls für die
einzige Möglichkeit einer Versöhnung zwischen ihm und
der Gottheit hielt. Desshalb tritt Odysseus, der am Eingange des Stückes durch seine Unterredung mit Athene
gewisser Maasen der Vertreter derselben geworden war,
am Schlusse als der eifrigste Verfechter des Helden auf.
Der Selbstmord des Aias, als Hauptmoment bei einem
Hauptcharacter, steht bei Sophokles als etwas ganz beson-
deres da. Vortrefflich ist es, dass sich Oidipus mit der
Blendung seiner Augen bestraft und die Töchter ihn an das
Leben knüpfen, so dass er nicht gewaltsam daraus scheidet,
ebenso dass Kreon sich ermorden will, aber genöthigt ist,
das schwerere Loos zu geniessen und ein Leben zu tragen,
worin er den selbst bereiteten Ruin seines Lebens durch-
kosten muss. Dagegen ist der Selbstmord der Jokaste,
Antigone, Eurydike, Dejaneira und des Haimon ein Act
der Verzweiflung, der nach einem plötzlich erlebten Unglück
in Leidenschaft oder doch ohne wirkliche Ueberlegung er-
folgte. Der Tod tritt dem Zuhörer in allen diesen Fällen
schreckhaft und plötzlich entgegen. Beim Aias ist der
Selbstmord ein besonnener Entschluss, eine freie That und

so wird er zum Mittelpunkt des Dramas erhoben. Nachdem sein Wahnsinn vorüber und selbst die Trostlosigkeit
nach dem Erwachen aus demselben bekämpft ist, sieht er,
klar seine tadellose Heldenlaufbahn überschauend, die ihm
abgesprochenen Waffen Achills in den Händen eines anderen, den Ausbruch seiner Wuth, die von den Göttern
verhängte Schmach, die Entehrung selbst für seinen ehr-
würdigen Vater, und so stellt er sich ruhig und klar die
Wahl ruhmvoll leben und ruhmvoll sterben; darauf endet
er getreu seinem alten grossartigen Heldenmuth. Man werfe
nicht ein, dass Aias durch seinen Tod der Pflichten gegen
seine Angehörigen uneingedenk seine Schuld noch über diesen
fortgesetzt habe. Derartigen Gefühlen gestattet die Tragödie des Sophokles keinen Platz. Man verlange nicht von
einem Helden wie Aias, dass er zu dem höchsten Siege
der Selbstüberwindung sich hätte durcharbeiten und durch
Eingeständniss seiner Schuld, dem Oidipus ähnlich, auf eine
Erlösung durch natürlichen Tod hätte harren müssen. Auch
Sophokles stellte, wie wir sehen, die Selbsterkenntniss oben
an, aber sie unterscheidet sich von der Platonischen sowohl,
als von der unsrigen dadurch, dass der Mensch nicht um
Seiner Selbst willen das Gute und Wahre erstrebt, sondern
weil die Furcht vor einem höheren, ihn beherrschenden Gesetze seine Leidenschaften zu überwinden nöthigt. Schon
hiernach erfordert der Selbstmord des Aias eine unseren
Anschauungen entgegengesetzte Beurtheilung. Denn theils
ist sein Tod eine Busse für die Gottlosigkeit gegen Athene,
theils erscheint diese Busse als das erträglichste Loos, was
sich für ihn ausfindig machen lässt; es setzt ihn mit voll-
stem Bewusstsein seiner Selbst vor Göttern und Menschen
in seine Ehre wieder ein. So zeigt sich uns der Tod des
Aias und des Oidipus als ein Versöhnungsmittel zwischen
Mensch und Gott, und jeder Zorn und Unwille der Gottheit
verschwindet gegen einen Helden, der auf diese Weise endet.
    Man würde ein falsches Moment in die Erklärung des
Sophokles hereintragen, wenn man ihn in irgend welcher

Beziehung aus dem Standpuncte der sophistischen oder nachsophistischen Philosophie beurtheilen wollte. Wir haben soeben wieder gefunden, dass er von jener reinen Subjectivität nichts weiss; und dass er an alle unsere Gefühle, Gedanken und Empfindungen den Maasstab eines allgemeinen Sittengesetzes anlegt. Auch bei den Erinnyen begegnet uns etwas Aehnliches. Denn wenn Sophokles einerseits dieselben für Göttinnen hält, so spricht er in einem Chorliede der Antigone andererseits von einer Erinnye, welche zugleich mit ihrem Unverstande Antigones Sinne bethört habe. Die Aeusserung des Agamemnon würde sich hiermit vergleichen lassen, der die Schuld seines Haders mit Achill nicht sich zuchrieb, sondern der Ate, die einst dem Zeus selbst lästig geworden war, so dass er sie vom Olymp schleuderte. Nicht blos der freie Wille des Menschen ist ein begrenzter, sondern auch alles, was sich von Gutem und Schlechtem in uns entwickelt, hängt in seinem letzten Grunde von einem Wesen ausser uns ab. Oidipus und Kreon, die beide von ihrer Schuld überzeugt waren, und die am Schlusse der betreffenden Stücke zerknirscht und gebrochen dastehen, erkennen gleichwohl in ihrem entsetzlichen Leiden den Willen einer höheren Hand: Sinnbethörend hat mit schwerem Schlage ein Gott mein Haupt bewältigt und mich auf wilder Schwindelbahn entführt, ruft dieser, und jener schiebt die Schuld seiner Verblendung auf ähnliche Weise dem Apollon zu. Nur ein wahrhaft frommes Gemüth, wie es uns bei Sophokles entgegentritt, vermochte diese Abhängigkeit des Menschen von Gott in seiner ganzen Tiefe zu erfassen. Und wenn der Dichter auch noch nicht den Begriff christlicher Liebe in sich aufnehmen konnte, so waren die Götter in ihrem Zorne, wie wir sehen, doch versöhnlich. Das dem Menschen zuerkannte Loos ist eine göttliche Fügung, die, weil sie von einem Gotte kommt, dessen nächste Beisitzerin die Gerechtigkeit ist, den sittlichen Kern für die Läuterung der menschlichen Seele in sich trägt. Der Weiseste ohne demüthige Gottesfurcht, ohne fromme Scheu, entbehrt des sittlichen Haltes und stürzt ins Verderben, mag er noch so lange gross und beneidet durch Einsicht oder Macht oder durch beides gewesen sein. Wir brauchen nur daran zu erinnern, wie heilsam derartige Lehren insbesondere Athen nach den Zeiten der Pest sein mussten. Ob und in wie weit eine Gnade des Zeus bei Sophokles angenommen werden darf, wird am besten aus einer Stelle des zweiten Oidipus klar werden (vs. 1267). Dort erklärt Polyneikes seinem Vater, dass er der schlechteste Mensch sei, da er ihn vollkommen vernachlässigt habe. Aber Zeus hat Erbarmen ($\alpha i \delta \omega' \varsigma$), also übe es auch du: denn geheilt werden können meine Fehler, vermehrt werden nicht mehr. — Der entgegengesetzte Begriff des Erbarmens ist der Uebermuth ($\ddot{v} \beta \varrho \iota \varsigma$), jene Haupteigenschaft von Titanen, Giganten und verbrecherischen Menschen, und der vorzüglichste Feind dieses Lasters muss nothwendig Zeus selbst sein; eben darum können wir bei ihm von Barmherzigkeit reden. Jeder kennt den Zeus $\xi \acute{e} \nu \iota o \varsigma$, der die Gastfreunde und Hülfe Flehenden schirmt, der mit andern Worten Achtung und Rücksicht für jeden Elenden und Hülflosen fordert. Auch Polyneikes rechnet sich zu einem dieser Unglücklichen, er hält eine Mehrung seines Unglücks für undenkbar und beansprucht desshalb von seinem Vater, der selbst ein Bettler ist, jene Rücksicht, die jedem Bettler und Elenden zukommt. Es handelt sich hier um die Gnade, der sich kein gerechter Mann entziehen kann, am wenigsten also Zeus, welcher seit Pheidias als der geistig und körperlich vollkommene Mensch jedem Betrachter des Olympischen Bildes entgegentrat. Polyneikes macht in der Meinung, dass die Dike des Zeus über ihn ausgeübt ist, Anspruch auf ein Mitleid und Mitgefühl, das der Vater der Götter, wie es ihm eigen ist, von jedem fordert, der nicht von Rücksichtslosigkeit eines Despoten erfüllt ist. Indessen ist der unselige Polyneikes entschieden falscher Meinung; denn die Dike des Zeus ist erst befriedigt, wenn er und sein Bruder dahin gerafft sind. Der

Dichter aber gewinnt aus dieser Characterzeichnung eine besonders ergreifende Scene. Zu einem blinden und hülflosen Mann, der seines Thrones, seines Vaterlandes, aller seiner Ehren beraubt, das kümmerlichste Dasein fristet, der allein von dem Willen anderer lebt und nur durch sie vor den gröbsten Misshandlungen sich retten kann, zu diesem tritt ein anderer, erklärt, er sei unglücklicher und verlangt von ihm, dass er seine Bitten erhöre. Und dieser Elende ist der eigne Sohn! Oidipus will und darf diesem Sohne nicht nachgeben; vergeblich hat er sich gegen eine Begegnung gesträubt, die in ihm die mächtigsten Stürme heraufbeschwören muss. Gnade und die damit ausgesprochene Versöhnung erfolgt erst, wenn das göttliche Recht seinen Willen erhalten hat; mit dem Tode des Menschen ist dieses, sobald einmal dagegen gefrevelt wurde, immer befriedigt und zugleich allein zu befriedigen. Darum muss Kreon am Leben bleiben, denn seine Strafzeit beginnt erst. Die langen Leiden der Elektra aber und des Philoktetes endet die Gottheit, weil sie gerecht, nicht weil sie gnädig ist, nachdem beide eine Prüfungszeit durchgemacht haben, welche ihren letzten Grund in dem äusseren, oder wenn ich mich so ausdrücken darf, in den durch menschlichen Willen herbeigeführten Verhältnissen hat.

Obgleich wir mit Dronke in der genannten Schrift vollkommen darin übereinstimmen, dass Sophokles von der Nichtigkeit des menschlichen Daseins durchdrungen war und dass er abweichend von seinen Zeitgenossen nicht das Glück in äusseren Gütern suchte, so bezweifeln wir doch, dass ihm die Unsterblichkeit der Seele klar zum Bewusstsein gekommen ist. Dass er sie bei grossen und ungewöhnlichen Erscheinungen für möglich hielt, war ihm bereits von seinen Vorfahren überkommen. Herakles, Aias und Oidipus sind ihm Heroen, die ausgezeichneter Eigenschaften wegen auch nach dem Tode noch für das Wohl der Menschen wirken und darin den Göttern vergleichbar ihre Unsterblichkeit bekunden. Ganz anders aber verhält

es sich mit allen denjenigen, welche durch einen für uns
schreckhaften Tod zu Grunde gehen. Selbst die Stelle der
Antigone, (453 ff.) worauf sich Dronke beruft, kann für uns
nicht entscheidend sein. Antigone sagt hier nichts weiter,
als dass sie die ungeschriebenen Gesetze der Götter höher
achte als das Gebot eines Despoten und dass sie lieber der
weltlichen Strafe verfallen will, als der göttlichen, wie Kreon.
Selbst dieses, dass Antigone das Jenseits dem Diesseits vor=
zieht, weil sie dort immer sein werde, bestimmt uns nicht;
sie hat auf der Oberwelt nichts mehr zu verlieren, sie sieht
rings um sich nur Unglück; kein Wunder also, dass sie
vor allem nach Ruhe von ihren Leiden sich sehnt. Die
Unsterblichkeit hängt bei Sophokles von den Verdiensten
ab, durch die man sich bei Lebzeiten hervorthut, und die
Gottheit belohnt damit als dem höchsten Geschenk, das sie
verleihen kann, da sie den Menschen hierdurch zu sich
emporhebt. Auch das berühmte Fragment (719), welches
den Eingeweihten Leben im Hades verleiht, macht die Unsterblichkeit von den Mysterien abhängig und spricht schon
auf diese Weise aus, dass diese dem Menschen nicht eigenthümlich ist, sondern erst eine Folge jener heiligen Weihen,
welche ein durchaus frommes und gottesfürchtiges Gemüth
erfordere. Die Unsterblichheit der Seele an und für sich
setzt eine Selbständigkeit des Menschen voraus, die Sophokles nicht kannte; abhängig von der über ihn stehenden
Welt sinkt der Sterbliche zum Nichts herab, sobald er seine
eigenen Wege geht und aufhört aus Mangel an Frömmigkeit
ein Glied zu sein jener höheren Ordnung, von der das
Wohl und Weh unserer Seele abhängt.

Der Götterneid, welcher bei Herodot noch eine so ein-
flussreiche Rolle spielt, ist bei Sophokles gänzlich verschwunden gegen die Furcht vor der Gottheit, welche bei
jeder Gelegenheit daher auch in den Gemüthern der Zuhörer geweckt wird. Zu grosses Selbstgefühl, ein Fehler
aller Hauptpersonen des Sophokleischen Dramas, das Be-
streben sich zu helfen, wo die Gottheit nur helfen kann

und hieraus entspringender Mangel an Selbsterkenntniss belehren uns von der Hinfälligkeit des menschlichen Daseins und weisen uns in unserer Besorgniss, einer ähnlichen Schwäche zu verfallen, auf die Gottheit hin. Wahrhaft glücklich und erfolgreich in seinen Unternehmungen wird allein der sein, welcher ihre Weisungen gewissenhaft befolgt. Die gänzliche Hingebung des eignen Willens in den göttlichen ist die höchste Stufe, die Sophokles nach den allgemein gültigen Gesetzen einer sittlichen und religiösen Weltordnung dem Menschen zu ersteigen aufgiebt. Ersteigen wird sie freilich Niemand, wenn ihn nicht die Gottheit selbst, wie etwa die Wahrsager, zu ihrem Stellvertreter erkoren hat. Sogar Oidipus und Antigone, von denen der eine nichts wollte als den göttlichen Willen an sich erfüllen, wesshalb er so wenig als möglich aus seiner Passivität heraustritt, die andere sich opferte ein hochheiliges Gesetz zu ehren, erliegen zeitweise ihren Leidenschaften und entsprechen jener hohen Aufgabe wenigstens nicht in allen Beziehungen. Der Faustische Satz: es irrt der Mensch, so lang er strebt — ist der schliessliche Endpunct, auf den die jedesmaligen Conflicte des sophokleischen Dramas hinauslaufen. Wenn aber die Neuzeit eine Garantie für den ewigen Fortschritt und das unausgesetzte Ringen des Menschen darin erkannte, so beutete Sophokles ihn von der einen, der religiösen Seite aus und stellte auf ihn gewisser Maassen fussend die Furcht vor der Gottheit als das Verhältniss des Menschen zu dieser dar.

Aus dem Gesagten ergiebt sich theils die Nothwendigkeit eines freien Willen, wenn auch in einer beschränkten Weise, theils gilt dem Dichter derselbe als die Quelle menschlicher Fehlerhaftigkeit. Dagegen konnte und ist ihm das Grosse, was uns durch jenen Ausspruch über die übrigen Wesen der Schöpfung erhebt, vermöge der philosophischen Richtung seiner Zeit nicht zum Bewusstsein gekommen. Denn, wie wir schon mehr als einmal erinnerten, nicht durch uns thun wir das Gute und geben uns dem Schlechten hin, sondern jenes schaffen wir nur dann, wenn wir durch prophetische Einsicht den rechten Weg gewiesen werden, dieses dagegen bringt uns auf Irrwege, sobald es der Gottheit gefällt, unseren Geist zu bethören. Die göttliche Fügung ist eine gerechte und die Vorstellungen von einer Ilaimarmene, einer Ananke oder Moira können unter diesen Umständen nur untergeordnete sein. Dass sie aber gänzlich verschwunden sein sollten, wird niemand erwarten. Aussprüche, wie: Uebermuth stürzte den Tyrannen in ein unentrinnbares Verderben (O. T. 877) oder eine listenreiche unentrinnbare Gewalt ist es, welche das bewusste Gewand mit dem Blute des Kentauren salbt (Trach. 831), finden in dem Munde des Chores, als Vertreter der herrschenden Volksanschauung ohne Schwierigkeit ihre Erklärung. Zugleich aber dürfen wir nicht vergessen, dass auch nach der Auffassung des Dichters jedem Menschen ein Loos oder Theil zuerkannt ist, dem er sich nicht entziehen kann. Indessen wird man sich diese Moira nicht verkörpert zu denken haben oder gar als Genius; welcher den einzelnen Menschen begleitet. Theils versteht Sophokles unter der Moira das Todesloos, theils ein auf uns einstürmendes Schicksal (vergl. Ant. 170. El. 1406 und Trach. 847); und wenn Philoktetes (1452) an einer allerdings merkwürdigen Stelle von der grossen Moira redet, die ihn von Lemnos nach Troja führe, so ist darunter wohl nichts anders zu denken, als die unabänderliche Nothwendigkeit des Unterganges von Troja, die ohne ihn nicht stattfinden kann. Die langlebenden Moiren und die Keren selbst erscheinen selten und dann nur in Chorliedern.

Der Maasstab, welcher jedesmal an unsere Fehler angelegt wird, richtet sich nach unserem sonstigen Leben. Der Bösewicht an und für sich ist von der Sophokleischen Bühne ausgeschlossen, abgesehen von ganzen Nebenrollen wie Aigisthos. Da wir also nur mit edlen und guten Helden zu thun haben, die sich über das Mittelmässige erheben, so muss vor allem gezeigt werden, warum es einer nicht

neidischen Gottheit gefallen konnte, gerade an diesen eine
Strafe zu vollstrecken. Und hierzu bedürfen wir der von
Aristoteles gestellten, zweiten Forderung an ein gutes Drama,
einer genauen Characterschilderung. Diese erfüllt Sophokles
in einer Weise, dass weder Aischylos noch Euripides hier
mit ihm zu wetteifern vermögen. Seine Charactere ändern
sich vor unseren Augen vom Guten zum Schlechteren, wie
vor allem Kreon und Oidipus, von schwächeren zu stärkeren
Leidenschaften, wie Elektra und Antigone, und umgekehrt
wie Aias, vom Schlechten zum Schlechteren wie Klytaim-
naistra und Jokaste. Alles geschieht nach und nach, nie
sprunghaft und mit Vernachlässigung irgend einer Person
zu Gunsten einer anderen. Jeder Character füllt seine Stelle
aus und behauptet die ihm eigene oder mögliche Würde
und kann man ihn nicht lieben, so doch eben so wenig
hassen, ihn nicht hochstellen, doch ebenso wenig gering
schätzen. Nur eine in jedem Sophokleischen Drama nothwendige Erscheinung ist gänzlich characterlos, die Boten
sollen weiter nichts sein, als die Verkünder des hinter der
Bühne sich Zutragenden. Plötzlich und unangemeldet treten
sie auf, schildern die Ereignisse bis in die grössten Kleinig-
keiten und geben nie ein Urtheil ab, indem ihre eigenen
Gefühle und Meinungen schweigen müssen. Um aber den
Zuhörern das innere Wesen seiner Helden in jeder Weise
begreiflich zu machen, dazu benutzt der Dichter die verschiedenartigsten und wirksamsten Mittel. Als Beleg erinnern wir z. B. an das Symbolische der Naturauffassung,
welches besonders im Aias verwerthet wird. Das sturm-
bewegte Meer dient hier geradezu als Abbild des aufge-
regten Gemüthes des Haupthelden, der seine Thaten bei
Nacht begeht und beim Tagesbeginne von dem scharfen
Hauch der Morgenluft angeweht wird. Als der ihm zur
Nacht gewordene Tag das Furchtbare enthüllt, ertönen aus
seinem Munde die mächtigen Worte: Weh Finsterniss, mein
Licht (vgl. 25. 47. 141. 209. 394), und schliesslich birgt er
seinen Leib im dunkelsten Dickicht. Aehnlich sind die im

ersten Oidipus vom Lichte entlehnten Bilder und Gleich-
nisse die vorherrschenden, offenbar, weil die Nacht der
Irrthümer, von denen Oidipus befangen ist, ihm helles Licht
zu sein bedünket. Mittelpunct in der antiken Tragödie ist die geheimnissvolle Macht des vorausbestimmten, aber dem Menschen un-
bekannten Schicksals. Von ihr wird das handelnde Subject
unwiderruflich getrieben, das Unvermeidliche an sich zu
erfüllen. Die Charactere des Sophokles sind Träger und
Organe allgemein sittlicher Mächte, die im Bewusstsein des
Volkes wurzeln, sie umfassen die ewigen Gesetze des Staates
und vertreten diese mit voller Thatkraft innerer Ueberzeugung, aber einseitig, und dadurch verfallen sie in eine
Schuld, die sie dem göttlichen Verhängniss überantwortet.
So tritt der Mensch als solcher einer furchtbaren, aber gerechten Gottheit gegenüber. Hieraus erwächst der Contrast
in den Sophokleischen Stücken und zugleich die Nothwendigkeit einer Versöhnung für den Menschen, die er sich
durch sein Schicksal erkauft. Thun wir also, wie der
Dichter selbst ausspricht, den Göttern nicht Gewalt an, und
sind wir mit unserem zuerkannten Loose zufrieden, dann
haben wir den richtigsten Standpunct eingenommen. Dies
beweist der zweite Oidipus. Wenn wir aber, weil der göttliche Wille uns unbekannt und der Zustand fortwährend
über uns ergehen zu lassen, für unser ganzes Wesen undenkbar ist, wenn wir, sage ich, in unserer Bethörung der
Strafe entgegeneilen, so geben wir eben jener Ironie des
Schicksals Gelegenheit, sich an uns zu offenbaren. Und
dies hinwiederum trifft den ersten Oidipus, welcher mit
vollem Rechte von ·den himmlischen Mächten sagen konnte:

Ihr führt ins Leben uns hinein,
Ihr lasst den Armen schuldig werden,
Dann überlasst ihr ihn der Pein,
Denn jede Schuld rächt sich auf Erden!

II.

Ueber die Antigone.

Die Forderung der inneren Einheit wird mit Recht an
die Spitze gestellt, wenn man über ein vollendetes Kunstwerk ins Klare zu kommen wünscht. Diese kann nur da
ihre Befriedigung finden, wo der Kampf der gleichberech-
tigten beiden Hauptpersonen, in denen die streitenden
Parteien vertreten sind, als die einige, aus zwei Gegen-
sätzen entspringende Handlung des Stückes gesetzt wird.
Als ein Muster vollendeter Einheit gilt uns vor allem des
Sophokles Philoklet; hier spalten sich die beiden wider-
streitenden, in Philokletes und Odysseus dargestellten Richtungen besonders einfach und natürlich, der Gegensatz aber
zwischen allgemeiner, von der Gottheit selbst geforderter
Selbstberechtigung und einem persönlichen, von dem reinsten
Heroismus vertretenen Menschenrecht wird schliesslich zu
einer Einheit aufgelöst, in der alle Gemüther und Forde-
rungen befriedigt werden. Aehnliches dürfen wir vom
Aias sagen; doch sind die Interessen für den Kampf und
seine Lösung, um den Helden allmählich durch Selbstüberwindung zum wirklichen Heroismus heranreifen zu lassen,
weniger für die allgemein menschliche Betrachtungsweise
aller Zeiten berechnet, als vielmehr im engeren Sinne für
eine streng national-griechische Auffassung. Wenn es dem
Dichter in den Trachinierinen weniger gelungen ist das

Gesetz der Einheit zu befolgen, die Elektra aber von diesem
Standpuncte aus in Kürze sich nicht beurtheilen lässt, weil
zuvor der Character der Haupheldin seine Rechtfertigung
erhalten muss, so leuchtet uns um so heller die vollendete
Einheit aus der Behandlung der Oidipus Fabel entgegen.
In beiden Tragödien ziehen wir die Lehre aus dem Con-
flicte, wonach jedem Schwäche und Demüthigung, ja sogar
Vernichtung auf der Spur folgt, sobald er aus Mangel wahrer
Selbsterkenntniss und in trotziger Verblendung willkürlich
der Göttermacht entgegenstrebt. Die Spitze sämmtlicher
Strahlen läuft auf den einen Brennpunct hinaus, auf die
Verherrlichung jener ewigen, unerschütterlichen Gottesmacht,
die den gesammten Weltlauf und das Geschick jedes ein-
zelnen lenkt und trägt.

Die grösste Schwierigkeit unter allen Stücken des
Sophokles, um jene geforderte Einheit zu erweisen, scheint
die Antigone darzubieten. Zunächst bemerken wir, dass
dieselbe für uns ausser Zusammenhang mit anderen Dramen
steht und dass bei ihr auch dann noch nicht von einer
Trillogie die Rede sein kann, wenn man die beiden Oidipus
Tragödien in eine engere Verbindung zu setzen geneigt
wäre. Ferner weisen wir auf eine gewisse Beziehung hin,
welche zwischen der Antigone und den Sieben gegen Theben
des Aischylos stattfindet. Gerade wo dieses Stück endet,
beginnt jenes; die Stadt ist bei Aischylos gerettet, Polyneikes und Eterokles sind todt, aber noch unbegraben, und
die durch Heroldsruf erlassene Bekanntmachung, welche
Antigone im Sophokles ihrer Schwester mittheilt, wird hier
als Volkswille dargestellt. Antigone erklärt darauf dem
Herolde sofort, sie werde trotzdem ihrem Bruder die letzte
Ehre erweisen und die Hälfte der Jungfrauen ist bereit ihr
beizustehen. Sophokles fasst dagegen den bekannten Befehl Kreons als ein tyrannisches Gesetz auf, dem das Volk
sich ungern füge. So belastet dieser den Kreon mit Schuld
und macht den Einzelwillen des Gebieters verantwortlich,
wo Aischylos immer nur von Staat und Bürgerschaft redet

und eben desshalb auch der Chor gegen Antigone sich
äussert: Anderes ist zu anderer Zeit dem Staate Recht
(vs. 1074). Dieses Wort des Unwillens von dem der Antigone wohlgesinnten Theile des Chores ergreift Sophokles
und führt jenen Ausspruch in der Entwicklung des Gegen-
satzes von menschlichem und göttlichem Gesetz bis zu
philosophischer Klarheit durch.

Nach Boeckh ist den Andeutungen des Chores, insofern
sie sich über die Leidenschaft der Handelnden erheben und
ein allgemeines Urtheil für den Betrachtenden ziehen, der
geistige Inhalt der Handlung zu entnehmen, gleichsam als
seien sie das Organ des sich wohl bewussten Dichters. Daher findet er die leitende Idee der Antigone in dem Ge-
meinplatz: „Der Mensch messe seine Befugniss mit Besonnenheit, er überschreite nie aus Eigenwillen menschliche
und göttliche Rechte. Die Vernunft ist das Beste der Glückseligkeit. Beide Hauptcharactere verfolgen ein Recht, aber
mit Leidenschaft, worüber sie der Busse der Unvernunft
verfallen." — Es fragt sich indessen, ob dies den Grundgedanken des Stückes wiedergiebt, oder ob es nur eine Art
lehrreicher Moral für den gemeinen Menschenverstand sein
soll. Die Blüthe des tragischen Chores fällt in die besten
Zeiten des Sophokles, in welche bekanntlich unser Stück
gehört. Erst unter Euripides sinkt er dazu herab, des
Dichters eigene philosophische Ansichten, Welt und Men-
schenbetrachtungen zu ergänzen und eine andere Seite des
Dramatikers selbst wiederzugeben. Wenn wir also den
tragischen Chor in seiner wahren Bedeutung allgemein bestimmen wollen, so müssen wir vorzugsweise den Sophokleischen im Auge haben, im Besonderen aber dürfen wir
für unseren Fall von den maassgebenden Auffassungen unseres Dichters nicht abweichen.

Durch die Wichtigkeit, zu welcher Sophokles den Chor
erhob, hat die griechische Tragödie ihre Vollendung erhalten
und keine Person könnte, wie dies bei Euripides bisweilen
zulässig ist, an seiner Stelle eintreten. Ueberall erhebt er

sich durch den höheren Schwung seiner Rythmen und das
nicht selten dithyrambische Pathos eines feierlichen Ge-
dankenfluges in dem Grade über die Handlung, wie das
Drama selbst über den Ton des gewöhnlichen Lebens. Nur
hin und wieder stimmt er sich durch das gleiche Metrum
in nicht melischen Partieen zum Dialoge herab. Und hier
vornehmlich tritt sein Character in einer schwankenden und
neutralen Mittelmässigkeit der Ansichten hervor, ohne den
Abdruck der gewöhnlichen Natur des Volkes zu verleugnen.
An der Handlung selbst darf er weder in vollem Chor noch
durch Vermittlung des Koryphaios theilnehmen, und da er
keiner Partei angehört, so stellt er gleichsam die personi-
ficirte Welt —, nicht Volks-Ansicht über die gegebene
Handlung dar. Er fasst die Extreme zusammen, aber er
hemmt weder, noch verzögert er die Ereignisse; er fürchtet,
billigt, missbilligt, er räth selten, streng genommen nie.
Ruhe zu bringen und dem Zuhörer mitzutheilen, selbst wenn
die Leidenschaft am heftigsten wäre, ist seine Aufgabe.
Mit Recht hindert er z. B. in Euripides Medea die Ermordung der Kinder nicht, welches Corneille dem Dichter zum
Vorwurf macht. Mit anderen Worten der Chor spricht die
Empfindungen aus, welche ein denkender, parteilos mit-
fühlender Zuhörer in seinem Innern birgt, mitten im Kampfe
der heftigsten Parteiung. Daher hat er stets das besonnene,
sittliche Gefühl auf seiner Seite und abhängig vom Gange,
vom Wellen- und Wogenschlage der Leidenschaften in der
dramatischen Handlung erhebt er sich durch besonnenes
Maasshalten über denselben, aber den Grundgedanken eines
Dramas wird er in seinen Betrachtungen nie andeuten oder
gar entwickeln. Die wahren Triebfedern der Handlung sind ihm immer verborgen und nur die wirkliche Erscheinung liegt ihm vor. Ja selbst wenn der Zuschauer den
Ausgang herannahen sah, so musste der Chor davon über-
rascht werden.

Zwei Beispiele genügen zum Beweise, dass der Chor
aus den scenischen Vorgängen die Gefühlsmomente sammle,

welche in den Ereignissen bereits vorbereitet sind, ohne sich in die Action der Personen einzumischen oder einen Standpunct über den Zuhörern einzunehmen. Im ersten Oidipus träumt derselbe (1079 ff.) wohl gar ein Seher zu sein und bald den Oidipus als den glücklichsten Sterblichen, ja als den Sohn des Pan oder Loxias begrüssen zu dürfen. Eine solche Verblendung erfüllt natürlich die Brust des denkenden Zuschauers mit finsteren Ahnungen des völligen Gegentheils, Ahnungen, die auch wenige Zeilen später, wie mit beengender Gewitterschwüle durch die vom Boten eingeleitete Lösung in verdoppelten Wetterschlägen auf uns hereinbrechen. Die plötzliche Umwandlung des Chores (1159 ff.) und der schneidende Widerspruch zu den eben erwähnten Worten: Ach Kinder der Sterblichen, wie so gleich dem Nichts achte ich euch Lebende — kann für uns nicht mehr etwas Befremdendes haben. Ebenso ist es im Aias, wenn der Chor fast verzückt über die halb oder gar nicht verstandene Veränderung des Helden in ein lautes Jubellied (678 ff.) ausbricht. Welcher scharf blickende Seelenkenner möchte sich da mit ihm freuen, wer nicht vielmehr auf den bald folgenden Klagegesang (853 ff.) vorbereitet sein?

Durch diese Stellung des Chores wird die Abwechslung des Stätigen und Beruhigten mit dem Ausserordentlichen in der tragischen Handlung greller gezeichnet, und es scheinen darum meist Greise und Frauen denselben gebildet zu haben. Denn der Gegensatz von Kampf und Ruhe, Härte und Milde tritt in ein helleres Licht, wenn wir z. B. den Okeaniden neben dem eisernen, unbiegsamen Prometheus, den Jungfrauen von Mykenai neben der Elektra oder den thebäischen Jungfrauen in den Sieben gegen Theben begegnen.

Nach den aufgestellten Principien können wir die Boeckh'sche Grundansicht nicht mehr zu der unseren machen, vorausgesetzt selbst, dass „der Chor Kreons Rechte mehr vertrete als die der Antigone." Je schwankender sein Character ist, um so weniger darf seine Autorität für uns bindende Kraft haben. Gehen wir ins Einzelne, so sei von den drei ersten

Gesängen nur bemerkt, dass sie auf gleich lyrischer Höhe
theils allgemein gefasst, theils in Bezug auf die Handlung,
uns ebenso durch parteilose Wahrheit und Gerechtigkeit, wie
überwältigende Gedankenfülle und Erhabenheit fesseln. An
den nicht melischen Partieen aber erweist der Chor ganz
der Ordnung gemäss dem Kreon seine Ehrerbietung als
dem angestammten Herrscher. Sehr natürlich, dass er an
einem solchen Narren zweifelt, der durch Gesetzes-Ueber-
tretung sich den Tod zuziehen mögte! Wichtiger ist es,
dass nach der Bestattung durch die Hand des noch unbe-
kannten Thäters sich der Gedanke in ihm regt an ein
höheres, heiligeres Recht, als Menschensatzung es ihm vor-
zeichnet (278). Im dritten Stasimon knüpft der Chor darauf die leidenschaftlichen Gefühle der Liebe an, welche
Haimons Worte herbeiführten; er erklärt die Wirkungen
jener allgemein menschlichen Empfindung und wird schliesslich beim Anblicke der verurtheilten Braut vom Schmerze
so übermannt, dass er momentan seine parteilose Stellung
verlässt. In dieser Stimmung lässt ihn der Dichter noch
einige für diesen Fall bedeutungsvolle Trostgründe der Antigone aussprechen (811 — 6), aber um das Gleichgewicht
wieder herzustellen und volle Neutralität zu behaupten, erinnert er sie, sich mit Göttern und Gottentstammten nicht
zu vergleichen. Dass Antigone hierdurch aufgeregt und
überreizt ausruft: Weh mir, verlacht werd' ich — unbeweint muss ich wandeln in mein Grabgewölbe, weder auf
Erden heimisch noch im Hades!, liefert uns ebenso ein
Zeugniss von der Tiefe Sophokleischer Gemüths und Seelen-
kunde, wie es natürlich ist, dass sich der Chor als Diener
seines souveränen Fürsten rechtfertigt. In äusserstem Trotze
stiessest du an Dike's hohe Thronesstufe! Er selbst hat
sich nämlich den Begriff der Dike noch nicht zum klaren
Bewusstsein gebracht, er steht, wie schon erwähnt, unter
dem Einflusse augenblicklicher Eindrücke und die Heiligkeit des durch Kreon vertretenen staatlichen Rechtes verbietet ihm einen rebellischen Unterthan gleich die Partei

3*

der Antigone zu ergreifen. Daher bewegt sich der Antigone Chor so oft in Antithesen; hat er irgend etwas zu Gunsten der Antigone geäussert, so beeilt er sich dies wieder aufzuheben und die ihm im Sophokleischen Drama allein zukommende Stellung einer Mittelperson anzunehmen. Wenn aber der Antigone, um an die obige Stelle noch einmal anzuknüpfen, vom Chore der harte Vorwurf gemacht wird, sie habe das Recht verletzt, so beachte man den mildernden Zusatz: Du büssest ein vom Vater ererbtes Leiden! Hierauf deutet Antigone absichtlich im Eingange der Tragödie hin, und für Sophokles wie für jeden Griechen lag darin eine Entschuldigung dessen, was von ihr etwa gegen das Herrschergebot gefrevelt war. Denn sie hatte ja weder eine persönliche noch selbstbereitete Schuld zu büssen. Die uns wohl bekannte Mittelstellung des Chores spricht sich gleich darauf (872 ff.) wiederum aus: Gewiss, Verstorbene fromm zu ehren ist Götterwille, aber nimmer ziemt es die Macht dessen zu übertreten, der sie einmal besitzt. Und schliesslich fährt er im vollsten Widerspruche mit seiner eben angeführten Ansicht von einer Erbschuld fort: Dich hat eigenwillige Leidenschaftlichkeit umgebracht! Es fragt sich, ob der unparteiische Zuhörer dieselbe Meinung hat und ob dies nicht vielmehr eine vorübergehende Stimmung des Chores ist, die in dem schroffen Wesen der Antigone ihren Grund hat. Uns scheinen diese Worte auf einem augenblicklich durch die ganze Lage angeregten Gefühl zu beruhen, das berechtigt, aber nicht stichhaltig ist. Das letzte Stasimon, im engsten Anschlusse an die eben vollendete Entscheidungsscene, greift tief in die Handlung ein und zeigt uns den Chor bei dem Endurtheil des Königs wieder voll Theilnahme für die Dulderin. Die im Volke lebenden Mythen einer Danae, eines Lykurgos, der Boreade Kleopatra, sämmtlich eines Frevels gegen Götter Weihen und Gebote bezüchtigt, bieten hier um so mehr Trostgründe, als alle göttlichen Ursprungs oder mit Göttern verwandt sind, obgleich sie schwerere Sünden auf sich gelastet haben als Antigone. Obenan wird auch hier des Geschickes furchtbar waltende Allmacht gestellt. Nachdem dann Teiresias als Organ der Gottheit das unbiegsame Herz Kreons erschüttert hat, räth der Chor dringend und nicht ohne Erfolg der Stimme der Menschlichkeit Gehör zu geben. Der Auftritt endet mit einem inbrünstigen Anruf an den thebäischen Landesgott in einem Orchestikon, in dem sich die aus den letzten scenischen Vorgängen gesammelten Gefühle des Chores abermals kundgeben. Bacchus soll mit reinigendem Fuss über des Parnasses Felsengeklüft nahen, da die Stadt rings von herber Krankheit befangen liegt. Und doch hatte derselbe Chor erst jüngt denselben Tag für dieselbe Stadt als den schönsten gepriesen. Ueber die Haltung desselben in der Epodos ist wenig zu bemerken. Bezeichnend ist es, dass er nach dem Bericht von Haimons Tode an ein Attentat des Vaters gegen den Sohn auch nur denken kann und dass er (1270) dem Kreon wie einst der Antigone Verletzung des Rechtes vorwirft. Endlich bezwecken die Schlussworte des Chores weiter nichts als eine allgemeine Moral, welche man nicht aus dem Schicksale der Antigone, sondern lediglich des Kreon zu ziehen hat. Dies lehrt der nothwendige Zusammenhang, in dem die Worte zu der Schlussscene stehen und wie überall recapitulirend, die letzten Ereignisse in ihren Hauptmomenten aus der Handlung herausnehmen und auf das Leben in Anwendung bringen. Weisheit ist das Höchste der Glückseligkeit! — Auf wen dieser Ausspruch ziele, ergiebt sich aus des Chores eigener Erklärung: gegen die Gottheit darf man nicht unfromm freveln; denn übermüthige Worte Hochfahrender büssen durch harte Schläge und lehren im Alter die Weisheit.

Man hat behauptet, dass selbst nach Entziehung des Characters der Antigone noch eine Tragödie Kreon übrig bleiben würde. (Jacob Quaest. Soph. p. 352. Boeckh p. 159). Diese Annahme widerstreitet indessen theils der Idee der vollendeten Einheit eines dramatischen Kunstwerks und somit der hohen Meisterschaft des Dichters, theils tritt der

38

König dadurch in einen ganz ungebührlichen Vordergrund der Hauptheldin gegenüber, nach der das Stück seinen Namen empfangen hat. Auch glauben wir nicht, dass das Schicksal in der Antigone eine sehr untergeordnete Rolle spielte (Boeckh p. 158). Das Trauerspiel wird mit dem auf Oidipus ruhenden Fluch eröffnet und von ihm besonders der Schwestern ererbtes Leid zugleich mit dem neuen Gebot Kreons gegen Polyneikes hergeleitet. Auch Ismene, jenes Unheils eingedenk, warnt die Schwester das Schicksal nicht von neuem herauszufordern (49 ff.); der Chor knüpft den Doppelmord der Brüder daran (141 ff. vgl. 379 ff.) und von grossem Nachdruck sind die schon oben erwähnten Worte zwischen Antigone und dem Chore (863—71). Jene bekennt hier am Ende ihres Lebens selbst, dass sie eine Fluchbeladene zu den Eltern gelange, nachdem auch der Bruder noch die Unglücksehe mit Adrastos' Hause geschlossen und als Leiche sogar ihrem Leben Tod bereitet habe. Eine durchgehende Hinweisung auf das Schicksal durfte nicht fehlen, weil die Unabwendbarkeit desselben für das Gefühl des Atheners versöhnend wirkte und die erforderliche Berechtigung oder Rechtfertigung der Handlung begründete. Es würde die zu Sophokles Zeit allerdings schon vielfach erschütterte, aber doch noch vorhandene Glaubenstreue, womit der Grieche auf seine Mythen blickte, etwas vermisst haben, wenn das Schicksal nicht bestimmend, mildernd oder erschwerend eingegriffen hätte. Obgleich sich nämlich des Dichters frommer Sinn und freie Denkweise bekanntlich mit einem willkürlichen Schicksal nicht verträgt, obgleich bei ihm dunkle Sehersprüche nicht eingeholt werden, deren unerbittliche Weisheit das sittliche Streben erniedrigt oder den menschlichen Willen gleichviel für welche Handlungsweise unfrei macht, obgleich vielmehr die That des Einzelnen das Ergebniss eines freien Entschlusses ist, so bethätigt sich doch seine Freiheit nur in dem Maasse, als er den Willen der ewigen Nothwendigkeit zum eignen erhebt und selbst, ohne selbständig zu sein, als Organ der göttlichen Idee heraustritt. In der Antigone ist das Schicksal allerdings nicht Mittelpunct wie im Oidipus, wo das handelnde Subject von jener geheimnissvollen Macht unwiderruflich getrieben wird, das Unvermeidliche an sich zu erfüllen; wohl aber werden die vornehmsten Ereignisse durchhin zurückgeführt auf jenen dunklen Schicksalsspruch, welcher in der Labdakiden Sage den Untergang der Unschuldigen weniger an ein blindes Verhängniss, als an das Vergehen der Schuldigen anknüpft. Auch hier ist der Mythus, wie es Aristoteles fordert, Hauptsache und Seele der Tragödie, das zweite aber Sitten und Characterzeichnung, bei deren Beurtheilung man vor allem nie die ideelle Seite vergessen darf. Dies ist gerade in der Antigone vorherrschender Grundzug, eine hohe, durch heroische Gesinnung getragene und durch die That verherrlichte Idealität. Es heisst von Sophokles, er bilde seine Helden, wie sie sein sollten, Euripides, wie sie sind. Eben desshalb sind sie ihm Träger der Sitte, der Gesetze des Staates, der geltenden religiösen Ueberzeugungen; sie vertheidigen dieselben mit der ganzen Macht moralischer Thatkraft, aber weil sie es einseitig oder maasslos thun, verfallen sie in Schuld.

Ungewöhnliche Naturen, wenn sie Beschützer oder Schöpfer einer über der Alltagswelt schwebenden Idealität sind, werden gemeinhin schwer erkannt und nicht selten verdammt. Aber obschon gehemmt in ihrer schöpferischen, belebenden und befruchtenden Kraft, bleiben sie darum doch für die Menschheit unverloren. Denn die Geister lassen sich nicht bannen und die Gottheit hält gerechtes Gericht. Wurde Antigone von der Schwester nicht verstanden und sprach sie sogar für diese in fremder Zunge, wie hätte sie nicht von Kreon verurtheilt werden sollen? Haimon begreift ihren Edelmuth und wagt es, was wohl zu beachten ist, als Organ der Bürgerschaft Volksstimmen über die That der Jungfrau vor das königliche Ohr zu bringen. Ist es nun wahr, dass Antigone zu jenen Naturen gehört, welche neben weiblicher Innigkeit das Bewusstsein in sich tragen, zur Verwirklichung höherer Ideen berechtigt zu sein, so zeigt sie sich auch nicht zu hart gegen die schwächere Weiblichkeit einer Schwester voll zarter, aber nicht bis zur Klarheit und noch weniger bis zur Energie des Willens hindurchgedrungener Gefühle. Es soll ja nicht das nackte physische Leben, sondern die Seele eines Bruders gerettet werden. Gereift und klar in ihrem Entschlusse, aber durchglüht von Zorn und Wehmuth tritt Antigone der Schwester entgegen, ohne Verständniss oder gar Gehör zu finden. Es mussten ihr desshalb fast wie Hohn Ismenes Aeusserungen erscheinen, wenn sie behauptet, jene erstrebe Unmögliches und handle, wo nicht zu handeln sei. Ismene bedurfte der Zeit, um sich mit der idealen Grösse ihrer Schwester vertraut zu machen. Erst nachdem diese ihrem heiligen Beruf genügt hat, bekennt sie sich zu einem Märtyrerthum, zu dessen Durchführung ihr Seelenstärke und Kraft mangelt. Das von Kreon abgenöthigte Bekenntniss erstirbt daher auf ihren Lippen: Ja ich verübte die That, wenn die Schwester damit einverstanden ist (536). Auch in dieser Wechselrede entwickelt Antigone eine herbe Bitterkeit, aber es dürfen die schwächlich, obwohl gut gemeinten Beweggründe der Ismene, es darf vor allem nicht vergessen werden, dass Antigone nach Vollbringung ihrer Heldenthat sich nur das eine noch vorsetzte, ihren Tod würdig zu ertragen.

Goethe sagt einmal in den Eckermannschen Gesprächen: „Dass sich des unbeerdigten Polyneikes die Schwester annimmt, des gefallenen Ajax der Bruder, ist Zufall, gehört nicht der Erfindung des Dichters, sondern der Ueberlieferung, der er folgte und folgen musste. Kreon handelt keineswegs aus Staatstugend, sondern aus Hass gegen den Todten. Polyneikes war gewaltsam vertrieben aus seinem Erbtheil; er wollte es wieder erobern. Dies Verbrechen ist so gross gegen den Staat, dass nicht der Tod dafür vollkommen genügt hätte. Man sollte überhaupt nie eine Handlungsweise eine Staatstugend nennen, die gegen die Tugend im Allgemeinen geht. Kreons Benehmen beleidigt Menschen und Götter, und so ist Kreons Handlungsweise vielmehr ein Staatsverbrechen. Darum hat er auch das ganze Stück gegen sich, die Aeltesten des Staats, das Volk im Allgemeinen, den Tiresias, seine eigne Familie." — Es ist begreiflich, dass Kreon in seiner Denkweise lieber denen Gehör schenkt, welche ihm zum Munde reden, als der warnenden Stimme anders Rathender; der Chor selbst erfuhr einmal hierüber eine gebieterische Zurechtweisung. Desshalb konnten auch die gewichtigen Mahnungen seines Sohnes nichs fruchten, sei es dass er das Volksurtheil über Antigones That mittheilt, oder dass er dem Vater goldene Aussprüche über unfehlbare Herrscherwillkür zu Gewissen führt, wie z. B.: Nicht einem Manne eigenthümlich ist der Staat, oder, Schön wirst du herrschen über ein verlassenes Land. Verfehlte dies seinen Zweck, wie viel weniger konnten Belege allgemein menschlicher Art Anklang finden! Dass der Fürst nicht im Geringsten auf die Götterstimme aus dem Munde des Teiresias, noch die Opfererscheinungen der bedenklichsten Art oder die übrigen Wunder achtet, womit die Natur selbst sich gegen das Herrschergebot aufzulehnen scheint, lässt auf einen bedeutenden Grad von Verhärtung schliessen, welche aus grenzenlosem Trotz und Machtgefühl hervorgeht. Fassen wir unser Urtheil über Kreons Character kurz so: er geht von dem selbstausgesprochenen Grundsatz aus, Gehorsam fordert, wer des Staates Lenker ist, im Kleinen, im Gerechten und im Gegentheil (666 ff.). Er darf demnach nur als ein verblendeter, sich selbst vom Gesetze lossagender Despot gelten. In diesem Sinne nehmen wir die Frage auf, ob der Befehl Kreons wirklich Staatsgebot sei, und ob das Recht, worauf Antigone sich beruft, nicht ebenfalls oder wohl gar im höheren Grade im Staatsrecht und keinesweges nur in ihrem Gefühle begründet sei. Die erste Frage scheint im Obigen bereits erledigt. Boeckh sagt freilich: „Hat Sophokles das Unrecht der Antigone gemildert, indem er den Staatswillen nur in der Person des Herrschers darstellt, so bleibt

es doch immer Staatswille, weil Kreon gesetzmässiger
Selbstherrscher ist und so lange er nicht vom Throne ge-
worfen ist, bleibt sein Gebot rechtskräftig." Konnte aber
ein Grieche in unserem dramatischen Helden, auch die
frühesten Zeiten nicht ausgenommen etwas anderes erkennen,
als eine Art von persischen Dynasten? Nur in seinen oft
sehr heilsamen, kurz berechneten Regierungs- und Verwal-
tungsmaximen kann man ihm einen höheren Grad von An-
erkennung zukommen lassen. Denn einen ähnlichen Trotz,
voll eiserner Unbiegsamkeit, gepaart mit autokratischer
Rechtsverletzung finden wir sonst bei den Tragikern in
Menschen, die sich gegen die rechtmässige Staatsmacht auf-
lehnen, oder in titanisch-heroischen Erscheinungen der
Göttermacht gegenüber. Schon Homers Könige sind keine
Tyrannen, ja der Götterfürst selbst ist dem Rathe des
Schicksals unterthan, wie jene der Idee des Rechts, das
bei den Göttern wohnt. War also Antigone genöthigt, einem
formell und materiell willkürlichen Befehl zu gehorchen,
welcher vor Gott und Natur ein Unrecht ist, welcher den
Bruder zum Feinde der Schwester macht und diese rücksichtslos von den Ihrigen losreist? Ismene weist auf den
Fluch des Hauses hin, der sich auch an dem Brudermorde
bethätigt habe; dass aber Antigone, die auch ohne Erinnerung dieses wusste, in ihrer Lage nichts davon wissen will,
bezeichnet die Tiefe des Characters, der unbesiegt von
Vorurtheilen, ohne rechts oder links abzuweichen, das eine
Ziel der Bruderliebe im Auge hat. Der edelste Schmuck
reinster Weiblichkeit offenbart sich bei aller Schroffheit in
dieser seltenen Erscheinung, die es als Aufgabe sich gestellt
hat, nicht mitzuhassen, sondern mitzulieben. So liegt denn
jede Betrachtung über des Polyneikes Kampf gegen das
Vaterland hinter ihr, die Busse dafür war mit dem Tode
des Bruders entrichtet, die Seele muss gerettet werden. Und
hier gewann eben der Dichter die Spitze des Conflictes,
welche brechen oder friedlich abgestumpft werden musste.
Kreon betrachtet die That des Polyneikes als Landesverrath

und glaubt sich zu jedem Recht über ihn berufen, er ist
verblendet genug zu wähnen, dass ein Tyrann die Götter
nicht verletze, wenn er Grablosigkeit verhänge. Wie jeder
Hellene konnte er wissen, dass nicht mit dem Tode, sondern
mit der Bestattung das Leben ende, dass die Verehrung
eines Heros, überhaupt eines Menschen ohne Grabesehren
nicht denkbar sei und dass Unheil brütend seiner laure
schon im Hinterhalt des Hades und der Götter Rach-
Erinnyen!

Die Frage, ob ein formelles Gesetz bestand, wonach die
Bestattung Keinem entzogen werden durfte, können wir
nicht den ältesten Zeiten griechischer Staatsverfassungen
entnehmen, in denen von einer wirklichen Rechtspflege
kaum die Rede war. Ebensowenig haben wir uns nach
thebäischen Landesgesetzen umzuthun, sondern wohin
Sophokles uns weiset, nach dem, was in Attika, in der gebildeten Welt von jeher üblich gewesen. Ein ausdrück-
liches Gesetz aus Solonischer Zeit über Grabesentziehung
oder eine Verpflichtung zu bestatten, wird allerdings schwerlich sich noch ausfindig machen lassen, wenn man nicht die
seit Solon bei den Attikern zum Gesetze erhobenen Tropheia
hierher rechnen will, wonach die Kinder ihre Eltern in
hohem Alter pflegen, ernähren und feierlich beerdigen
mussten. Ueberhaupt wurden bekanntlich alle religiösen
Angelegenheiten oder durch das Staatsrecht geheiligte Gegenstände vor die Volksversammlung gebracht und von Alters
her lebte im Bewusstsein der Menschen die Vorschrift, dass
eine mehr oder minder solenne Beerdigung Menschen und
Göttern wohlgefällig sei. Die uralte Sitte, in der Fremde
erschlagene Angehörige dreimal rufen, begegnet uns schon
in der Odyssee, wo Odysseus erst nach dreimaligem Rufe
für die auf dem Schlachtfelde der Kikonen Erschlagenen
in See sticht. Aehnlich wird in der Odyssee bereits auf
Kenotaphien hingewiesen, welche überdies durch Pallas
Athene selbst befohlen werden. Ja in der Ilias findet des
Patroklos Schatten keine Ruhe, bevor ihn Achill verbrannt

und beigesetzt hat. Bei Sophokles selbst muss für Aias ein ehrenvolles Begräbniss erkämpft werden, und der Gottesfürchtige Odysseus warnt den Agamemnon nicht so weit zu hassen, dass er ihn unbeerdigt lasse und das Recht mit Füssen trete. Der Gebrauch der Kenotaphien diente bis in die spätesten Zeiten herab, sowohl zur Beruhigung der Ueberlebenden, wie den Seelen der Geschiedenen Ruhe zu geben; die tumuli inanes bei Pindar, Euripides, Lycophron und Pausanias legen Zeugniss davon ab. Eines besonderen Falles gedenken wir aus der Perikleischen Leichenrede des Thukydides, wo die vermissten Leichen aus den ersten Kämpfen des Krieges eine gleiche Begünstigung erfahren. Es war dies also offenbar ein Herkommen, dem nur der äussere Buchstabe des Gesetzes fehlte. In voller Uebereinstimmung mit diesen geschichtlichen Bemerkungen lehrt uns Sophokles, dass auch Antigones Recht keinesweges nur in ihrem Bewusstsein begründet sei. Denn von Eteokles heisst es, er sei nach altem Brauch bestattet, des Polyneikes wegen beruft sich die Schwester auf das von Zeus und Dike selbst geheiligte Gesetz, das nicht von heut' und gestern, eine ungeschriebene und sichere Göttervorschrift sei, die ein Sterblicher nicht übertreten dürfe, das von ewigen Zeiten her lebe und keiner wisse, von wannen es entstanden (446 ff.). Statt der äusseren Gesetzesformel haben wir also ein höheres, göttliches Recht, welches tief im Herzen und der Natur einer ganzen Nation wurzelt. Scheint dies übertrieben, so mögen es zwei der gewichtigsten Zeugen aus Sophokleischer Zeit zugleich und aus einem Munde bestätigen. Thukydides (II, 37) lässt den Perikles über die gesetzliche Denkweise des Athenischen Volkes die folgenden Worte gebrauchen: „. . . . wir sind folgsam gegen unsere Obrigkeit und gegen die Gesetze, und zwar besonders gegen diejenigen, welche zum Vortheil Beleidigter ausdrücklich vorhanden sind, oder wenn sie auch ungeschrieben sind, doch durch eines jeden eigene Empfindungen sich Achtung und Ehrerbietigkeit vers c h a f f e n." Oder hätte Sophokles etwas anderes beabsichtigt? Er der selbst den Chor in der ersten natürlichsten Empfindung dasselbe gegen Kreon andeuten, der Haimon und Teiresias dafür in gebieterisch beschwörender Rede kämpfen lässt, wofür die ganze Natur sich zu empören beginnt und schwere Wunderzeichen laut schreien um Abstellung irreligiöser Willkür, ja wofür Kreon selbst sich schliesslich bekennen muss: denn sehr befürcht' ich, dass das Beste dieses sei — bestehnde Satzung wahren bis ans Lebensziel. Noch deutlicher sieht er dies ein, nachdem er die unabwendbare Götterstrafe empfangen hat, gemäss deren er den Fluch für alles Unheil mit Recht auf sich herabruft. So hatte die Gottheit, wo der kurzsichtige Mensch in voller Berechtigung zu handeln vermeinte, nach höheren Bestimmungen waltend gerichtet.

Nach dem von den Tragikern überlieferten Mythus hatte Eteokles, der jüngere Bruder, den Polyneikes aus dem Lande verjagt, obwohl von beiden Verträge abgeschlossen waren, wonach sie abwechselnd das Land verwalten sollten. So hatte Antigone bei Aischylos den Polyneikes und ihre Verletzung des Staatsgebotes vor dem Herold mit den Worten gerechtfertigt: Schlechtes vergalt er mit Schlechtem (Sept. 1035. vgl. 634 ff. und 1052). Auch Euripides, mag er abweichend den Polyneikes zum jüngeren Bruder machen, bringt in den Phoinissen (69 ff.) etwas Aehnliches zu Gunsten der Antigone vor. Bei Sophokles selbst (O. C. 374 ff.) heisst es einmal: Eteokles habe, obschon jünger an Jahren den älteren Polyneikes des Thrones beraubt und aus dem Vaterland vertrieben. Gleichwohl findet sich in unserem Drama keine Hindeutung auf diesen Eidbruch des Eteokles, welcher offenbar eine bedeutende Entschuldigung für die beiden Geschwister hätte abgeben können. Sophokles, in dessen Oidipus die Schwester des Polyneikes Sache mit Energie und Wärme führt, scheint dies übergangen zu haben, um einerseits die vornehmste Berechtigung Kreons zu seinem Verfahren nicht durch einen so gewichtigen Umstand zu entkräften; ganz besonders aber wird Antigones Character von allen politischen Beziehungen fern gehalten und jene Schwesterliebe, welche beiden Brüdern gleich zugetheilt ist, als der alleinige Beweggrund ihres Handelns dargestellt. In dieser Weise bewahrt sich der feste Glaube an ein geschriebenes Göttergesetz desto reiner und ursprünglicher.

Der Act, zu dem wir übergehen, ist von besonderer Bedeutung, um den Antigone Character richtig zu beurtheilen. Kreon war zornerfüllt abgetreten mit einem Wort, welches in der Entscheidung über das Schicksal der Jungfrau sein letztes bleibt. Hieran schliesst sich die Rede dieser: o Grabmal, o Brautgemach u. s. w. (882 ff.). Eingeleitet durch das erschütternde Wechselgespräch zwischen Antigone und dem Chore soll sie uns zu einer neuen Phase in der Gemüthswelt der Heldin führen. Das Drama, wie das Leben, findet weder im Rückschritt noch im Stillstand seine Befriedigung. Da Antigone ihre That vollbracht hatte und auf Gnade anspruchslos nichts weiter als Busse entrichten wollte, sofern es recht sei, so waltet fortan das Gefühl und die innerste Erregung der Seele über das nahe Todesgeschick vor, wogegen Strenge oder Kälte der Empfindung jeden Character, besonders aber den unserer Heldin entadelt, ja fast verwildert hingestellt hätte. Lessing sagt im Anfang des Laokoon von den Homerischen Helden: sie sind nach ihren Thaten Geschöpfe höherer Art, nach ihren Empfindungen wahre Menschen. Dies kann man auch auf das Sophokleische Drama anwenden. Zunächst sei nur bemerkt, dass der Dichter die Jungfrau nach den heftigen Aufregungen der letzten Scene durch die Form des Trimeters uns ruhiger vorführen will. Nicht Verzweiflung sollte das letzte Bild sein, welches sie den Zuschauern darstellte, sondern sie wollte das tiefste Mitgefühl rege machen. Zu diesem Zwecke reiht sich der Monolog genau an den Gedanken der unmittelbar vorhergehenden, tief erschütternden Worte an: Unbeweint, ohne Freunde werde ich

fortgeführt, mein thränenloses Geschick beklagt kein Freund
(876 ff.). Hiermit hatte Antigone der lebenden Welt eigentlich Lebewohl gesagt, und wie der erste Anruf an das
Grab und ihre unterirdische Behausung, mit denen sich
ihre Phantasie bereits vermählt glaubt, ebenso sind alle
Gegenstände, denen sie sich zuwendet, stumm, leblos, todt.
Von aussen her rechnet sie auf keine Schonung oder Hülfe
in ihrem grausamen Verhängniss, der Schutz der Gottheit
wird ihr sogar zweifelhaft; es konnte sich von Rechtferti-
gungsgründen vor den Bürgern hier nicht die leiseste Spur
finden, und die Vorschläge von Jacob (Quaest. Soph. p.
365 ff.), wie Sophokles die Antigone besser ihre Sache hätte
führen lassen, sind verfehlt. Der erste und vornehmste
Zweck für den Dichter bestand darin, die Antigone lediglich auf ihren eignen grossartigen Character, auf ihr inneres
Rechtsgefühl zu verweisen und eben dadurch wieder jenen
idealen Heroismus, von dem schon oben gesprochen ist,
vor den Zuschauern möglichst klar zu entfalten. Nachdem
Theben, die Dirkaiischen Quellen, die einflussreichsten Bürger
des Staates, ja die Götter umsonst zu Zeugen ihrer Fröm-
migkeit angerufen sind (841 ff.), sollte sie allein ihre grosse
That, verwaist und mitleidlos ihr Schicksal vollenden. Wie
einst dem Philokteter in seiner Einsamkeit die Felsen von
Lemos die einzigen Gefährten seiner Kränkungen und der
Bogen der süsseste Freund erschien, wie Aias auf seinem
Todesgang die Sonnenstrahlen, sein fernes Salamis und
Athen, die troische Feindeserde dankend begrüsst, so wendet
sich Antigone an die schuldlose Natur und das stumme
Schattenreich, an Vater, Mutter, Bruder, denen sie willkom-
men zu sein hofft, insbesondere aber redet sie den Polyneikes an und hebt ihm, um sich selbst zu rechtfertigen,
die Gründe hervor, welche sie zur Uebernahme der Bestattung vermocht. Endlich gegen den Schluss ergiesst sie
sich in Klagen über die Härte ihres Looses, wobei wir an
frühere Bitterkeit erinnert werden. Ohne in schwächliche
Klagen auszubrechen, ohne ein Wort der Reue nimmt sie

schliesslich unmittelbar vor ihrer Abführung Abschied von ihrer Vaterstadt, von den Stammgöttern und der edlen Bürgerschaft.

Es sind in dieser Scene noch zwei Puncte zu besprechen, die für uns auf den ersten Blick etwas überraschendes haben. In dem Augenblick nämlich, wo Antigone zum Tode abgeführt wird, gilt ihr Ismene so wenig, dass sie sich als letztes Glied des königlichen Stammes ansieht. Man versuchte dies dadurch zu erklären, dass der Mensch, wenn er von grossem Schmerze überwältigt werde, nur an sich denke. Da indessen auch früher schon Ismene sowohl von der Schwester (895) wie vom Chore (598) gänzlich ausser Acht gelassen war, so sagt uns der Dichter damit, dass sie selbst sich der Grösse ihrer Laufbahn begeben hatte, als sie den Antrag bei der Beerdigung des Bruders mitzuwirken von sich wiess. Daher durfte Antigone dort ihrer Schwester uneingedenk sein, wo sie aller lebenden Seelen vergass und selbst bereits mehr den Todten als den Lebenden angehörte. Die frühere Strenge gegen die Schwester wird in dem wichtigsten Moment auf die äusserste Spitze geführt, gleichsam als ob die Voraussetzung zu Grunde läge, Ismene habe ihren Bruder verleugnen wollen. Es ist allerdings ein wahres, hier zutreffendes Wort Boeckhs, das Alterthum sei derb und kenne keine Empfindungen; wir müssen aber zugleich im Sinne behalten, dass wir eine Heldin vor uns haben, die mit der Welt fertig gleichsam im Uebergang aus dem Leben, nachdem sie ihre Aufgabe ruhmreich vollbracht hat, ganz und ausschliesslich mit der Erfüllung ihres eigenen letzten Geschicks beschäftigt ist. Eben desshalb ist auch jener Monolog eine Rechtfertigung für Antigone vor sich selbst, keine Entschuldigung gegen den Chor, der sich auf eine Beantwortung nicht einlässt.

Von diesem Standpuncte aus betrachtet, lässt sich nun zweitens die vielfach angefochtene Stelle (905 — 915) gar nicht entbehren: „denn immer, wär' ich Mutter, wären Kinder mir, ein Gatte sterbend hingewelkt, ich hätte nie,

zum Trotz den Bürgern, dieses Werk vollbracht . . . . . .
Doch nun im Hades Mutter mir und Vater ruhn, so kann
ein Bruder für mich nimmermehr erblühn." Die innigste
Bruderliebe wird von Antigone als höchstes Ideal jeglicher
Liebe für eine Schwester aufgestellt, eine Auffassung, in
die sich die Jungfrau mit ganzer Seele vertieft hat, um so
mehr als Mutter und Gattenliebe ihr unbekannt war. Diese,
von der sie in dem Verhältniss zu Haimon einen Vorschmack
haben konnte, musste nothwendig hinter den grossen Pflichten
zurücktreten, welche sie als letzte Labdakidin gegen ihr
ganzes Geschlecht hegte, dessen Ehre mit der Entehrung
des Polyneikes auf dem Spiele stand. Ausserdem dürfen
moderne Anschauungen von der Heiligkeit der Ehe auf
das Alterthum nicht übertragen werden, indem das Verhältniss zwischen Mann und Weib doch immer mehr oder
weniger dem einer Dienerin zum Herren entsprach. Hieraus erklärt sich auch der Mangel an Liebesverhältnissen
und Liebesintriguen als etwas der Würde und Erhabenheit
des griechischen Trauerspiels Unangemessenes. Wenn demnach Antigones Grabrede und besonders jene Verse nur
zur Beruhigung und Kräftigung ihres Inneren dienen, ohne
irgend welche Rücksicht auf die Aussenwelt zu nehmen,
wenn sie damit jedes ihrer früheren Worte zu behaupten
und mit dem Stempel der Wahrheit zu besiegeln strebt, so
muss jedem der Gedanke auffallen: sie habe gewagt wider
den Willen der Bürger zu handeln (βία πολιτῶν). Die
Schwierigkeit wird indessen beseitigt, sobald wir unter den
Bürgern, wie gemeinhin geschieht, nicht die Staatsmacht
oder Staatsgesetze verstehen. Obgleich von den Bürgern
viele, ja man kann wohl. sagen, alle Verständigen die That
der Heldin billigten, priesen und sie goldner Bürgerkronen
für würdig hielten, wie wir aus Haimons und Antigones
Munde wissen, so wagten sie doch abgesehen von ihrem
Bräutigam, nicht für sie zu handeln. Antigone stählte also
ihr freies Bewusstsein und gab sich selbst nur Rechenschaft,
wesshalb sie da, wo kein Bürger für ein heiliges Recht und

das sittliche Gefühl des Gesammtvolkes sich regte, in eine unfreiwillige Oeffentlichkeit herausgetreten sei. Je mehr sie aber berechtigt war eine Versöhnung, die der Bürger des Perikleischen Staates jedenfalls gerne aufgenommen haben wird, mit der allgemeinen Volksstimme vorauszusetzen, um so gewisser durfte sie sich gegen jeden Ausbruch von Verzweiflung, die sie dem Kreon überliess, gewaffnet halten. Durch Antigones Auftreten gegen das Kreontische Gebot war der Conflict heraufbeschworen und die Staatsordnung gestört. Aber weil Kreon, wie er selbst bekennt, das göttliche Gesetz nicht achtet, giebt er den ersten Anlass zum Aergerniss. Die Auflösung der gesellschaftlichen und nach dem Gefühl der griechischen Nation alt hergebrachten Ordnung, welche Gemeinsamkeit des Staates und der Götter forderte, war damit ins Leben geführt und eine Vermittlung ohne Ausgleichung dieses Risses nicht zu erzielen. Treffend sagt Dahlmann (Polit. I. p. 342): „Bei den Griechen waren die gemeinsamen Götter nicht unwichtiger als die Gemeinsamkeit des Staates; erst durch beides vereinigt erlangte man Menschenrechte." — Wer mit nüchternem Verstand in diesen Kampf blickt, wird für das höhere Recht Kreons ᐧ entscheiden; denn der Buchstabe der königlichen Vorschrift ist verletzt und das Staatsgesetz, soweit wir das Kreontische als solches bezeichnen wollen, stellt mit Fug die Forderung, dass in ihm ein und dasselbe allen wahr sei oder wenigstens als Wahrheit gelte. In der Religion dagegen oder mit anderen Worten in der sittlichen griechischen Welt ist es anders. Allerdings begannen sich im Sophokleischen Zeitalter die alten Götterrechte im Glauben des Volkes zu lockern und man war nicht mehr in gleicher Weise durchdrungen, den ererbten Vorschriften der Religion wie den Gesetzen zu gehorchen. Dass unser Dichter in seiner frommen Gesinnung diese zurückzuführen und in das Volksbewusstsein wieder einzuführen bemüht war, erhellt nicht nur aus dem Kampfe der Antigone und den Sympathieen, welche sich für die Heldin in der sittlicheren

Stimmung der Bürgerschaft bemerkbar machen, sondern vor allem aus dem Triumph, welchen sie über ihren Gegner feiert. Dieser wollte ein Gespenst von Gesetz auf den Thron setzen, während er zu eignem Verderben den Geist des Gesetzes mit Füssen trat. Antigone erreicht ihren Zweck nicht, erst die Gottheit muss sich erheben, um ihre That zu verwirklichen. Ihr Unterliegen ist durchaus nothwendig, weil sie das Gesetz eines wenigstens von der Wahrheit anerkannten Herrschers übertreten hat; dagegen verlangen Treue und Pietät gegen den Glauben an die Göttergesetze ihren Sieg. So hatte sie der Welt entrichtet, was sie ihr schuldet, und da der Tod aus der mit ihrem Dasein bedingten, Gottergebenen That hervorgeht, so spielt das Stück nach dem Abtreten der Heldin nicht in den Ueberlebenden allein fort, sondern es gewinnen die sittlichen Wirkungen der That nach der siegenden und besiegten Seite erst Gültigkeit. Die ganze dramatische Entwicklung zielt bis an das Ende darauf, dass der Hauptcharacter des Stückes im Uebergang aus dem Leben zu einem göttlichen Heroenthum heranreife oder wenigstens als Heldin aus dem Kampfe erstehe. Dass Antigone auf der Erde keinen Lohn ärntet, fordert der Widerstreit der idealen Bestrebungen mit den endlichen, irdischen, realen; ihr Unglück kann daher nicht kürzer und treffender zusammengefasst werden als durch einen Ausspruch Schillers: „Das höchste Ideal, wonach wir ringen, ist mit der physischen Welt, als der Bewahrerin unseres bürgerlichen Glückes in gutem Vernehmen zu bleiben, ohne darum genöthigt zu sein mit der moralischen zu brechen, die unsere Würde, unseren Character bestimmt." Und hiermit hätten wir denn auch den einheitlichen Grundgedanken des Stückes gefunden: das Recht wird erst zum Rechte, wenn es im Einklang steht mit der althergebrachten Sitte, und wo der äussere Buchstabe des Gesetzes im Widerspruch steht mit unseren sittlich religiösen Grundanschauungen, verhilft die Gottheit diesen schliesslich immer zum Siege. Einseitig

4 *

und nur dem Urtheil Kreons (vgl. 777) folgend erscheint uns dagegen die von den meisten neueren Erklärern angenommene Auffassung Hegels (Aesthet. p. 57): „Antigone beruft sich auf das Gesetz der Götter; die Götter aber, die sie verehrt, sind die unteren Götter (vgl. jedoch 450. 454. 937 u. dgl.) des Hades, die innern der Empfindung, der Liebe, des Blutes, nicht die Tagesgötter des freien, selbstbewussten Volks- und Staatslebens." —

Der Character des Kreon entspricht ganz den Anforderungen des Aristoteles. Er ist angemessen ($\dot{\alpha}\varrho\mu\acute{o}\tau\tau o\nu$ $\ddot{\eta}\vartheta o\varsigma$); denn seine Handlungsweise, die Gesinnungen und Gedanken stehen durchweg als der wahre Ausdruck in Beziehung auf das Verhältniss, in dem er sich jedesmal befindet. Nicht minder darf man ihn gleichartig ($\ddot{o}\mu o\iota o\nu$) nennen. Wie sollte nicht da ein gewisses Mitgefühl geweckt werden mit dem Leidenden, wo jeder Denkende oder Strebende, mag er ähnliche Eigenschaften besitzen oder nicht, die Regungen verwandter maassloser Leidenschaften bei sich entweder wahrzunehmen oder zu gewärtigen in dem Fall sein wird! Kaum nöthig ist es die Consequenz ($\acute{o}\mu\alpha\lambda\acute{o}\nu$) im Character des Kreon zu bemerken. Sie ist augenfällig und je mehr sie durch tief gewurzelten, politisch bornierten Eigenwillen auf eine einseitige Spitze getrieben wurde, um so folgerichtiger stürzt er von der Höhe in tiefe Verzweiflung. Wenn endlich der König zu den reizbaren Naturen gehört, die keinen Widerspruch ertragen, ja selbst zu den jähzornigen ($\acute{o}\varrho\gamma\acute{\iota}\lambda o\nu$), die Mässigung wenig oder gar nicht kennen, so darf man hierbei nicht übersehen, wie er ursprünglich nicht schlecht, sondern in Glück und Ansehen stehend zum dramatischen Vertreter für eine bestimmte Seite des Lebens wohl geeignet war. Durch eigne, freilich ihm selbst nicht klar bewusste Fehler stiftete Kreon sein Unglück; aus Launenhaftigkeit und bösem Willen geht seine Handlungsweise keinesweges hervor. Polyneikes wird mit Nachdruck der Feind des Vaterlandes genannt, welcher aus der Verbannung heimkehrend die eigene Vatererde, die Tempel und

53

Standbilder der Götter habe einäschern wollen. Obgleich
nun Kreon aus seinem Standpunct natürlich sich schuldlos
gegen die Gottheit glaubt, so können wir doch die Ansicht
nicht theilen, dass Sophokles den König als einen edlen,
Recht und Ordnung suchenden Alleinherrscher habe schildern
wollen, dem bei aller Härte Gerechtigkeitsliebe beigemischt
sei. Es steht dies zu wenig im Einklang mit seinem aus
zügellosem Jähzorn entsprungenen Widerspruchsgeist. Es
bedarf nur einer leisen Hindeutung auf das völlige Gegentheil im Character der Antigone. Das dunkele Verhängniss,
welches von den Ahnen her auf ihr lastete, wollte gesühnt
sein, die Macht einer inneren, sittlichen Ueberzeugung,
welche Bruderliebe ihr gebieterisch auferlegte, lenkte ihre
Hand zu heldenmüthiger That, der Conflict stürzte sie
zwischen weltlichem Tyrannengesetz und göttlichem Gebot.
Hier ist demnach Mitleid und Besorgniss in voller Reinheit
der Empfindung und alles zusammen übt jene überwältigende
Wirkung auf jedes edle Gemüth aus.

Man wird es einem dramatischen Dichter vielleicht als
Fehler auslegen, wesshalb er den Fall des despotischen
Kreon vollkommen abgelöst von der Macht äusserer, drän-
gender Lebens-, Welt- oder Staatsverhältnisse herbeiführte.
Indessen glauben wir, dass dieser scheinbare Mangel auf
einer feinen Berechnung des Dichters beruhe. Denn die
Bestrafung sollte eben darum eine verdientere werden, weil
Kreon im Besitz der weltlichen Macht, aber wie Preller
(N. Jen. Litt. Ztg. 1845 p. 54) neben anderen trefflichen
Andeutungen über die Antigone richtig hervorhebt, —
weniger ein Mann von Characterstärke als von Grundsätzen
und Vorsätzen, die er mehr mit Hartnäckigkeit als mit Besonnenheit verfolgt — weil dieser Kreon sage ich, durch
eigne Verblendung sich, seinem Hause, sowie der durch
sittliche Triebfedern geleiteten Gegnerin den Untergang bereitete. Sophokles wollte daher das Uebergewicht der eignen
Verschuldung mit dem tieferen Sturz des Tyrannen ins
Gleichgewicht stellen, er wollte durch das Schicksal des-

selben absichtlich das Gefühl der Sympathie weniger, als der Furcht und des Schreckens erregen. Da jedoch Kreon ohne das Bewusstsein eines bösen Willen das Unheil anstiftet und weder Hass noch Abscheu in uns anregt, so versagen wir auch ihm nicht unser Mitgefühl und die Forderung des Aristoteles wird erfüllt, wonach die Charactere des antiken Dramas vor allem edel (χρηστά) sein müssen. Der Uebergang des Unglücklichen endlich vom Trotze zum Kleinmuth und unmännlicher Verzweiflung ist ein ganz natürlicher. Je mehr Kreon das religiös sittliche Gleichgewicht verloren hatte, um so plötzlicher schien der Umschwung in seiner Denkweise zu sein. Gleichwohl entspricht er vollkommen dem inneren Seelengesetz seiner Natur. Der Wechsel beginnt unmittelbar nach der Entfernung des Teiresias, doch erst nachdem der Chor ohne Widerspruch gegen Kreon und ohne Zurede seine eigne Erfahrung über des Sehers von je her bewährte Untrüglichkeit mitgetheilt hat. Kreon hatte so zu sagen das Todesurtheil unterschrieben, der Chor zuerst gewarnt, sich aber dann seiner kraftlosen Einrede begeben, Antigone war entfernt und äusserlich ihm erlegen; umsonst hatte Haimon bis an die Grenze, welche dem Sohne, zusteht, für ein höheres Menschenrecht gekämpft. Es erhebt sich der letzte denkbare Widerspruch gegen das Tyrannengesetz, und so gewiss der Erfolg kein anderer sein konnte, als alle bisherigen, ebenso rasch musste die Katastrophe im Gemüthe des Königs eintreten, seitdem jede Einrede gewichen ist. Denn verfolgen wir die Hebel zur Aufrechterhaltung des Gesetzes über Antigone, so hatte der König am Widerspruch sein geistiges Dasein genährt und durch ihn allein sich in diese Lage gebracht. Wenn also der Chor mit der Unfehlbarkeit des Teiresias scheinbar absichtslos begann, so konnte diese Erinnerung den inneren Kern des Kreontischen Gewissen desshalb treffen, weil jeder Widerspruch vor dem Könige verstummte und ausserdem sein Gefühl Befriedigung hatte, seitdem Antigone in ihr unterirdisches Gewölbe abgeführt war. Auf den wunden

Theil des Kreontischen Herzens wird fast in jeder Zeile
hingewiesen, sobald er seine Sinnesänderung in That ver-
wandeln will. Schwer ist es nachzugeben, ruft er, und
nachdem der Chor schon ausdrücklicher die Bestattung
empfohlen, wiederholt er noch einmal: Räthst du denn wirklich nachzugeben! Endlich aber als ihm schleunige Eile an-
gerathen wird, entschliesst er sich mühsam und zwar nicht
sowohl aus innerer Ueberzeugung oder Reue, sondern aus
Furcht für seine Familie und Gewissenspein wegen Nichtachtung der von der Gottheit ertheilten Winke. Die an den
Chor gerichtete Frage bestätigt seine Unklarheit: Was soll
ich thun, gehorchen werd' ich, sprich! Er, der von Eigen-
sinn ganz durchdrungen war, sollte sich selbst zu einem
Schattenbild und Spielball unsittlicher Characterlosigkeit
erniedrigen, zu jener willenlosen Unentschlossenheit, die
sich von der Umgebung Geist und Rath zum Handeln leihen
muss. Das letzte Wort vor seinem Sturze ist daher ein
erborgtes, welches ihm in der ganzen Tragödie nicht in die
Seele gekommen war, obgleich Haimon Antigone Teiresias,
ja auch der Chor Andeutungsweise es ihm zugerufen hatten:
zu achten die besteh'nden Satzungen.

Der Bericht des Boten braucht hier in aller Vollständigkeit nicht erörtert zu werden. Boeckh benutzt Haimons
Tod, um den von ihm angenommenen Grundgedanken des ·
Stückes zu stützen; auch er soll von einer Leidenschaft
ergriffen sein, die denselben zur Folge hat und die sich
besonders in der Scene zwischen Vater und Sohn äussert.
Indessen kann der Vater nicht Richter sein über die Ge-
müthszustände eines Sohnes, der seine Ruhe nicht mehr
verliert, als jeder Unbefangene natürlich finden wird. Der
König steigert sich dagegen zu einer solchen Besinnungs-
losigkeit, dass er Wuth entbrannt gegen seinen anfänglichen
Entschluss die Braut vor des Sohnes Augen sterben lassen
will. Auf diese Weise herausgefordert deutet Haimon seinen
Tod im Vereine mit der Braut an, mit dem er schon früher
in zweideutiger Weise gedroht hat. Das ganze Wechselge-

spräch, nachdem es leidenschaftlich geworden ist, zeugt nur
gegen Kreons Verblendung, welcher wohlgemeinten Widerspruch missdeutet oder verdreht und damit allein Schuld
ist, wenn Haimon durch das Schicksal seiner Braut und
den Entschluss mit ihr zu sterben aufgeregt wird. Aber
nach des Boten Bericht zückt Haimon sogar das Schwert
gegen den Vater; er thut es in einem Augenblicke, wo er
sich zwischen Antigones Leiche und ihrem Mörder befindet,
den er als solchen verwünscht. Fürwahr hatte der Sohn,
obwohl seit Solon in Athen den Mörder Todesstrafe traf,
kein Recht Rache zu üben. Dass aber die ganze Lage
einen augenblicklichen Gedanken daran in ihm weckte, ist
verzeihlich, ja fast nothwendig. Eine leidenschaftliche Natur,
die aller Herrschaft über sich baar ist, würde jedenfalls sofort die Ausführung haben folgen lassen. Nicht aus ange-
borner Leidenschaftlichkeit ist also Haimons Tod herzu-
leiten, sondern erfüllt von reinster Liebesglut sucht er denselben, der für ihn keine Strafe war und ihn durch Wieder-
vereinigung einer Braut würdig machte, welche ein Leben
gering geachtet hatte, in dem es verboten war die Todten
zu ehren. Sein Tod verdoppelt die Furien für des Königs
belastetes Gewissen. Ebenso klar und einfach ist Eurydikes
Untergang. Die Verzweiflung über den Ruin des Hauses,
veranlasst durch den eignen Gatten treibt sie ins Verderben,
und ihr Tod giebt uns einen ausreichenden Aufschluss über
ihre Denkweise von Kreons Thaten. Sie entzieht sich einem
Anblick, den sie nicht zu tragen vermag, den Gatten an
der Leiche des Sohnes und seiner Braut, deren Untergang
er selbst verschuldet hat.

Der erste Vorsatz der Antigone, ihre That und die
Folgen derselben, bis sie unserem Blicke entzogen wird,
sind die drei Momente, die sich gegenseitig aufnehmen und
in der Gegenüberstellung mit dem Machtverfahren des
Königs die Handlung ausmachen. Zwei verschiedene Ideen
werden dann von den beiden Parteien vertreten, aus denen
der Grundgedanke gewonnen wird, der sich in der Lösung

der Tragödie verwirklicht. Dadurch dass in unserer Tragödie
sowohl der, welcher Leiden verursacht, als auch der, welcher
leidet, Gegenstand unseres Mitgefühls ist, wirkt das Tragische
ungewöhnlich mächtig auf unser Gemüth. Freilich kann
dieses Mitgefühl an Kreons Leiden bei den Zuschauern kein
reines und ungetrübtes sein, weil seine Handlungsweise nur
scheinbar aus moralischer Quelle entspringt. Je sittlicher
die Erscheinungen der leidenden Personen und der Rück-
blick derselben auf sich selbst, um so höher die Rührung,
um so lebhafter die Vorstellungen für unsere Phantasie.
Leidet eine schwache Seele, büsst ein Bösewicht, so sind
sie kein Gegenstand für unsern reinen Affect. Mit dem
Schicksal der schuldlosen Antigone selbst endlich werden
wir ausgesöhnt, weil die Idee, für die sie kämpft, siegreich
aus allen Anfeindungen hervorgeht und der Tod für sie
nach einer endlosen Kette von Unheil die einzige Ruhestätte ist, die ihrem liebenden und duldenden Herzen zukommt.

οὔτοι συνέχθειν ἀλλὰ συμφιλεῖν ἔφυν.

III.

Ueber die Trachinierinnen.

____

1. Ueber den Titel der Tragödie.

Wir besitzen viele Tragödien, welche nach dem Chor benannt sind. Die Perser betitelte der Dichter weder Atossa, obgleich sie vorzugsweise das Reich im Innern lenkte und zusammenhielt, noch auch Xerxes. Dieser war nur die tragische Figur, ein wahrer Ritter von der traurigen Gestalt, der viel weniger handelte, als dass mit ihm gehandelt wurde. Ebenso findet Atossa allein Haltung und Trost an ihren Opferaltären oder vielmehr, da die Opfer unhold und furchterregend ausfallen, bei den vielgeprüften und bewährten Geronten des Landes. Weil also der Chor den einzigen, noch würdigen Hort und Halt für den Perser-Staat bot, weil jede andere Macht des Perser-Kolosses nach Innen und Aussen, jede Herrschaft über sich und andere verloren war, so scheint Aischylos absichtlich gerade diesen Titel gewählt zu haben. Wenn sich der Titel von Choephoren und Eumeniden von selbst erklärt, so könnte man fragen, warum das erste Stück in der Orestee nicht nach dem Chore heisse, zumal er ebenfalls einen hohen Rath vorstellt, welchen der Fürst selbst zur Verwaltung des Reichs in seiner Abwesenheit eingesetzt hatte. Da indessen

die Gerusia nur der Arm, nicht die Seele der fürstlichen
Gewalt ist und Agamemnon mit seinem Eintritt in eigner
Person die Würde des Reichs bis zu seiner Ermordung be-
kleidet, er selbst also im Grunde, gleichviel ob nah oder
fern bei Troja, ob auf siegreicher Heimreise oder bei der
Landung, ob beim Einzug in Argos oder am Dankopferaltar
immer selbst regiert, so bleibt er der Angelpunct des ganzen
Stückes und ist sogar im Tode noch und für die ganze
Trillogie der eigentliche Beweggrund der Handlung.

In den Trachinierinen ist Dejaneira das hervortretende
und beseelte Moment des gestifteten Unheils, das räthsel-
hafte Werkzeug des Orakels, die Urheberin der Peripetie, die
Mutter alles Tragischen. Trotzdem wurde das Stück nicht
nach ihr benannt. Wir können kurz hierauf antworten:
desswegen weil, so richtig jenes ist, sich doch ein Rich-
tigeres denken liesse. Denn Jole musste dann das Trauerspiel heissen, da ohne sie dem Herakles der Tod nicht bereitet wäre. Widerlegt sich dies von selbst, so könnte man
an einen „rasenden Herakles" denken. Man werfe nicht
ein, dass dieser zu spät auftrete, auch der Aischyleische
Agamemnon erscheint erst spät (vgl. 783) in Person. Aber
Herakles wird nirgends oder höchstens da erst handelnd
eingeführt, wo er mit dieser Welt abgeschlossen hat. Seine
sämmtlichen Thaten stehen ausser dem Drama und werden
aus der Ferne berichtet. Dejaneira erzählt uns, der Held
sei von neuem zum Streite ausgezogen, nachdem er den
Acheloos überwunden und so die Gattin erworben habe;
Lichas meldet ihn ferner als Sieger und um den Erfolg des
Sieges zu zeigen, werden die Gefangenen der erstürmten
Stadt des Eurytos vorgeführt. Dann erfahren wir, dass der
Held ein Jahr lang in Dienstbarkeit bei der Omphale zu-
gebracht habe, ein Ereigniss, welches auch dem Lichas
erst Berichtweise zu Ohren gekommen war, und dass der
Anlass dazu Iphitos gewesen sei, den jener heimtückisch
vom Felsen gestossen hatte. Weiter hören wir durch Hyllos,
der Vater habe dem Zeus für seinen Sieg geopfert, sich

zuvor aber mit dem Nessoskleide, wie mit einem Feierge-
wande zu jener heiligen Handlung geschmückt. Und nun
lernen wir die mannichfachen Phasen seiner Drangsale in
jenem Gewande kennen, wie er den Lichas ins Meer ge-
schleudert habe und wie er selbst dulde. Eng verbunden
hiermit sind, und nur in gesteigertem Grade, die späteren
Körper- und Seelenschmerzen, welche schliesslich unser
höchstes Mitgefühl erwecken, da sie in der Schlusskata-
strophe vor unsern Augen vorgehen. Endlich nachdem er
seinem Sohne die letzten Aufträge ertheilt hat, sehen wir
ihn froh den Scheiterhaufen besteigen, indem er alles Schreien
bewältigt und die unerwünschte That muthig vollendet. So
ist und bleibt Herakles allerdings der Hauptheld, um den
sich, so gut als um Dionysos in den Bacchen, vornehmlich Theilnahme und Spannung dreht; aber seine Thaten
sind, soweit sie zu der dramatischen Handlung gehören,
theils passiv, theils negativ, jedenfalls mit Ausnahme
seines Todes ganz untergeordneter Art. Zu besserem
Verständniss vergegenwärtige man sich einen leidenden
Philoktetes oder den Aischyleischen Prometheus, welcher
einem todten Felsen gleich, stumm und sprachlos, ohne sich
von der Stelle zu bewegen, das ganze Drama allein in
Leben und Thätigkeit versetzt, selbst da wo er schweigt,
wo er fest geschmiedet dasitzt, und von dem Blitze des
Zeus endlich zerrissen zu werden in Gefahr schwebt. Man
vergegenwärtige sich auch das soeben über die Perser be-
merkte; unter verändertem Gesichtskreise lässt der Hauptcharacter dort mit dem unsrigen einen Vergleichungspunct
zu, sobald er als dramatisch berechtigter Held einer Tragödie
gefasst wird. Konnte das Stück demnach nicht „der rasende
Herakles" benannt werden, so hätte man vielleicht den
„sterbenden" oder „den Tod des Herakles" erwartet. Hiermit würde indessen Sophokles und das griechische Publikum gleich unzufrieden gewesen sein. Denn das von
Hellenen Vergötterte in Herakles starb nicht, sondern
wurde eben frei und seiner irdischen Bande ledig. Man

kann ohne Aenderung auf Herakles beziehen, was Goethe
von Faust sagt: -

> Gerettet ist das edle Glied
> Der Geisterwelt vom Bösen:
> Wer immer strebend sich bemüht,
> Den können wir erlösen.

Wie vertrüge sich ausserdem jene Ueberschrift mit der Unheil bringenden Liebe, der unverkennbaren Triebfeder der
Tragödie, durch welche die Handlung entschieden wird und
worauf sie beruht? Weil dem griechischen Drama im Allgemeinen Liebe fern liegt, so hat man gegen den Gedanken-
zusammenhang und Plan des Ganzen das Ende der arbeit-
vollen, irdischen Laufbahn des Heros als den Hauptinhalt
bezeichnet, wie dies in dem Orakel, wenn auch zweideutig
ausgesprochen wird. Wenn uns jedoch im Aias jedes
Moment dahin drängt, den Selbstmord des Helden, jenen
besonnenen Entschluss, seine freie That als dramatischen
Gegenstand aufzufassen, so ist dies mit dem Ende des
Herakles in den Trachinierinen etwas anderes; in ihnen
herrscht vor allem die Liebe, insofern sie den mächtigen
Geist und Gang des Lebens und der Geschichte darstellt.

Negativ wäre hiermit bereits auf den Titel hinge-
wiesen, welchen der Dichter seinem Kunstwerk beilegte.
Der Chor der griechischen Tragödie ist nichts Zufälliges,
er liegt nicht ausser ihrem Wesen, sondern muss als un-
trennbarer Theil derselben angesehen werden. Das verletzte
Menschen- oder Familienrecht der Dejaneira und das hier-
aus entspringende Vernichtungs-Princip des vergötterten
Helden, beides veranlasste nach, durch- und miteinander
Entzweiung zu gegenseitiger Zerstörung. Die durchgehende
Tendenz dieser und anderer Trauerspiele geht aber auf
Lösung und Aussöhnung des Zwistes zwischen Freiheit und
Nothwendigkeit. Das Leben und die Geschichte ist einer-
seits ein Werk der Freiheit, andererseits der Nothwendig-
keit. Jene bringt Wechsel und Widerspruch, diese erhält
Stetigkeit und Uebereinstimmung. Der harmonische Verein

beider erzeugt Frieden und Versöhnung; das äussere Leben wird ein Abglanz des inneren und die reine Idee der Menschheit offenbart sich im äusseren Dasein. Sobald diese beiden also im Streit miteinander stehen, da wirken sie zerstörend auf das äussere Leben. Wo die Freiheit eben zur Willkür wird, nimmt die Nothwendigkeit die gebührende ewige Macht für sich in Anspruch, damit fort und fort das Besondere im Menschen das Allgemeine, die Subjectivität ihr richtiges Object, die Freiheit ihr in der Idee vorschwebendes, wahres Recht suche und im innigen Verein das wahre Leben gewinne. Hierauf beruht die ewige Weltordnung des antiken Hellenenthums. Wird nun eine solche Aussöhnung jener streitenden Lebenselemente immer nur auf irgend einen Zeitmoment als verwirklicht zurückzuführen sein, so wusste die griechische Tragödie doch durch Auffassung der mitten in der Entzweiung waltenden Harmonie sich in den Mittelpunct des ganzen Lebens zu versetzen und mit einem Male diesen zu umfassen, so dass durchweg eine concordia discors rerum versöhnend hindurchtönt. Auf diese Höhe des Standpunctes erhebt sich das Trauerspiel, vor allem bei Sophokles, durch den Chor. Dieser muss demnach ein geistiges Element des Dramas sein, wenn er, wie bei Aischylos in der ersten Entwicklung, bei Sophokles auf der Höhe der Ausbildung, rechter Art ist. Die gradweise Verschiedenheit, welche in dieser Beziehung am Sophokleischen Chore wahrzunehmen ist, scheint wesentlich bestimmt zu sein durch das Motiv der Tragödie und die Macht der handelnden Charactere auf Seiten der beiden gegenüberstehenden Parteien. So möchte z. B. der Chor im Aias und Philoktet bei aller Vortrefflichkeit am schwächsten vertreten sein und am wenigsten neben der Höhe und Energie der tragischen Hauptfiguren zu einem eigentlichen Subject der Handlung sich erheben. Dass aber die energievolle, drastische und plastische Bedeutung in den Parteien der tragischen Action bei unserem Drama zurücktrete, ja dass der Character wohl gar ein überwiegend, episch erzählender wird, muss jedem auffallen; dagegen bleibt noch zu zeigen, dass die Trachinischen Jungfrauen wirklich ein χορὸς ἐπώνυμος sein könne oder müsse.

Unsere Jungfrauen sind, wie stets im antiken Drama, vom Gange der Ereignisse und Empfindungen abhängig; in demselben erkennen wir die Stimme der Gesammtheit des weiblichen Geschlechts bei einer hochbegabten, von der Vorsehung verschwenderisch begünstigten Nation. Die Charactere einer Elektra, Antigone, Ismene und Dejaneira beweisen, dass Sophokles vor vielen das allgemeine Gefühl der reinsten Sitte im ursprünglichen Sinne als den Grundtrieb des weiblichen Wesens auffasste. Geistesverwandte, wenn auch nicht ebenbürtige und gleichberechtigte müssen wir auch hier voraussetzen, und zwar in der Fülle jugendlich reiner Gefühle sowohl für die Liebesleiden Dejaneiras, als auch gegen die sittlichen Fehltritte des Herakles, die sie freilich als Griechinnen schonender beurtheilen durften. Je mehr nun die selbstständige Handlungsweise der Charactere im Drama zurücktritt, je mehr das Verhängniss eine lenkende und entscheidende Bedeutung in dem Verlaufe der Tragödie bethätigt, um so höhere Wichtigkeit haben die Aussprüche des Chores, der über der Leidenschaft der Handelnden erhaben, als Organ des seines Zweckes sich bewussten Dichters den geistigen Inhalt der jedesmaligen Handlung wiedergiebt. Eins springt hier vor allem in die Augen, dass Herakles für den Chor als vergötterter Heros, als Sohn des Zeus, als nur diesem höchsten Gott unterthan gilt. Wenn Dejaneira im Prolog um das Leben ihres Gemahls zittert, so ist der einzig reale Inhalt der Parodos, Herakles kann dem Tode nicht erliegen; denn einer der Götter hält immer den unentrinnbaren Hades fern von seinem Hause, und wer sah den Zeus rathlos gegen seine Kinder? — Auch der nächstfolgende Siegespäan ist nur ein Freudenerguss über Herakles' Heldenkraft, in den wir gern einstimmen, weil das kranke Gemüth

der Fürstin darin eine geringe Pause der Erquickung finden
konnte. Im dritten Chore hat sich die Lage der Dinge
geändert; die Gefangenen waren von Lichas ausgeliefert
und mit ihm sein Geständniss. Wenn wir unsere Ansichten
von Sittlichkeit und religiöser Gottesvorstellung bei Seite
lassen, so verschwindet der Fehltritt des Herakles völlig;
denn Aphrodites Siegesgewalt herrscht ewig nicht allein
über die Menschen, sondern auch über die Götter und
selbst den Kroniden. Dies wird indessen mit der dem
Sophokles eigenthümlichen, reinen Scheu in einer dem Zeitalter entsprechenden, mehr bewussten Keuschheit, als mit
Homerischer Naturunschuld berührt und im Ausspruche beinah zurückgenommen: wie Kypris den Kroniden berückte,
verschweige ich! — Obgleich nun Herakles in dieser Hinsicht entschuldigt wird, so vergisst der Chor doch andererseits auch Dejaneira nicht. Die Heldenthat des Herakles
eroberte ihre Liebe und bereitwillig folgte sie dem Gemahl,
als sie von der Mutter schied, wie eine einsame Färse.
Denn Herakles hatte gelobt fortan die Einsame nicht zu
verlassen. Wie gerne musste daher der Chorag seine Bei-
stimmung geben, als die Gebieterin zur List sich wendet,
und ebenso fleht der volle Chor, es möge gelingen, durch
die Zaubersalbe den Herrn zurückzuführen in die Arme
der liebenden Gattin. Desshalb spricht der Chorag mit
fester Ueberzeugung die Dejaneira vor der Entscheidung
frei von jeder Schuld, nachdem diese ihre Zweifel und bösen
Ahnungen wegen ihres noch unenthüllten Zaubermittels geäussert und ihre Empfindungen mit dem ungünstigen Aus-
fall der Opfer unterstützt hatte. Mit dem Bemerkten stimmt
die Unzufriedenheit desselben Choragen überein, als Dejaneira, deren Ahnungen durch Hyllos bestätigt sind und
über die der eigne Sohn den Fluch der Blutschuld ausge-
rufen hat, schweigend abtritt und durch dies Schweigen
dem Ankläger ihre Schuld einzuräumen scheint. Auch der
volle Chor, die allgemeine Volksstimme, spricht sie sogleich
von Verbrechen frei (821 ff.), noch bevor er erfahren hat,

dass Dejaneira sich selbsteigene Busse auferlegt habe. Denn
die Arme erkannte nicht die Trugrede des Nessos und
ihren Doppelsinn, fügt er entschuldigend hinzu, sondern nur
das Verderben, welches dem Hause vom neuen Ehebunde
drohe. Der Chor hofft daher, dass die Unschuldige durch
Jammern und Thränenvergiessen ihrem Grame ein Ziel
setzen werde. Dagegen vernehmen wir über Herakles und
sein Todesverhängniss in der ersten Strophe und Gegen-
strophe jenes Chorliedes keine Klage und kein Mitleid.
Vielmehr als wenn etwas Nothwendiges, sicher Geahntes
eingetroffen wäre, heisst es: Seht da, Mädchen! Wie schnell
erfüllt sich das Gotteswort der uralten, prophetischen Weisheit! Die Zahl der zwölf Jahre stimmt zu und alles erfolgt
nach sicherem Recht und Gesetz. Indessen geisselt ihn
jetzt noch ein zwiefaches Weh: der Trug des Zeus — weil
Herakles nach des Chores Vorstellung glauben musste, dass
die Gattin Rache nehme und des Zeus Orakel nicht wahr
sei — und das Brennen tödtlicher Giftgeschosse. Wenn
demnach Herakles für den Chor so gut als gestorben war,
so fällt für ihn, nachdem ihm Dejaneiras Hingang gemeldet
ist, die Schuld auf Jole, welche dem Hause schweren Fluch
gestiftet habe.

Bei dem Zwiespalt der beiden handelnden Gegensätze
sieht man durch alle Chorgesänge eine stete Lösung mitten
im Conflicte. Der Chor schwebt über den Ereignissen und
fern von jedem Schwanken, von jeder Schwäche und Unter-
thänigkeit, Fehler, die man dem Antigone-Chore vorgeworfen
hat, erhebt er sich von der Lebhaftigkeit subjectiver Empfindungen durchweg zur klaren Anschauung der Verhältnisse,
womit er theils die Ansicht des Dichters ausspricht, theils
wesentlich bestimmend auf das Urtheil des Lesers einwirkt
und endlich alle Widersprüche der lebendigen Handlung
harmonisch löst. Dadurch trägt er vor allem zum richtigsten
Verständniss der ganzen Dichtung bei und führt den poetischen, philosophischen und mythisch-historischen Character
der Tragödie zu seiner Vollendung. Denn wenn in irgend

einem Drama, so vergegenwärtigt er uns hier die Rechte der Nothwendigkeit und die Endpuncte der Einheit, während die Handlung das Leben in seinem Wechsel und seiner Wandelbarkeit, sowie dem Urquell von beiden, in der Entzweiung, abbildet. Mit einem Worte der Chor der Trachinierinen lehrt, dass alle Kunst ohnmächt'ger sei als die Nothwendigkeit. (Aisch. Prom. 523).

2. Ueber Dejaneira und Herakles.

Herakles befleckte seinen Ruhm und seine göttliche Abkunft, dadurch dass er den Iphitos, den Sohn des Eurytos, hinterrücks von den Mauern von Tiryns herabstürzte. Dies reizte den Zorn des Zeus, weil es seines Sohnes einzige, feige und niedrige That war. Er litt einen ähnlichen Untergang durch das vergiftete Nessosgewand, unvorhergesehen, ohne sich wehren zu können, heimlich und unwürdig seiner unbesiegbaren Kraft. Der Held empfindet dies so tief, dass sein Titanentrotz gegen die Gottheit und die Gattin noch nicht gezähmt ist, als er dem Tode bereits nicht mehr entgehen kann. Erst nachdem er die ganze Wahrheit der göttlichen Prophezeiung durch die List des Nessos erfüllt sieht, kehrt er seinen Sinn den Göttern wieder zu und stirbt heldenmüthig, seine Sünde abbüssend, wie es das Schicksal verhängt hatte. Auch in der Mythe verklärt und erheitert sich sein Antlitz, als er den Scheiterhaufen bestiegen. „Er hatte die Leiden der Menschheit abgebüsst, sagt Moritz in seiner Götterlehre, seine irdische Hülle fiel ab, sein höheres Selbst steigt zum Olymp in die Götterversammlung und Hebe, die Göttin ewiger Jugend, wird nach dem Schicksalsschluss ihm vermählt." Der Dichter fasst den Helden in dem Moment auf, wo er der Fabel nach beginnt, Mensch zu sein. Die bösen Ahnungen, mit denen Dejaneira auftritt, knüpfen sich sofort an Herakles. Durch ihn von Acheloos befreit, wird sie sein Weib, ohne dass jedoch ihr Loos in wirkliche Freude sich verwandelt. Von Jahr zu Jahr mehren sich diese Sorgen und sind keine leeren. Wird auch durch Lichas selbst die Entehrung des Herakles gemildert, indem er des neuen Sieges gedenkt und sogar die Trophäen vorführt, so blickt doch das weibliche Gemüth der Dejaneira unverblendet tiefer als alle, und die armen Gefangenen geben ihrem gepressten Herzen einen willkommenen Stoff, ihren Trübsinn nicht sofort in Frohsinn umzustimmen. Nicht anders spricht Iphigenie bei Goethe, als Pylades ihr den Sieg über die Barbaren meldet: „Gesegnet seist du, und es möge nie von deiner Lippe, die so Gutes sprach, der Ton des Leidens und der Klage tönen!" Als Pylades indessen reinere Freude fordert, ruft sie: „O trüg' ich doch ein männlich Herz in mir! das, wenn es einen kühnen Vorsatz hegt, vor jeder anderen Stimme sich verschliesst."

Gleich Anfangs bietet Dejaneiras Tafel etwas Geheimnissvolles, sie hält ihr Gemüth in Zweifel und Spannung und der Sohn erkennt in ihr einen um so wichtigeren Götterspruch, als Herakles nur bei diesem Auszug entdeckte, er werde vor Eurytos' Stadt auf Euböa sterben oder ewig glücklich leben. Nun bestand er allerdings den Kampf, aber in einem höheren, der Liebe zu Jole, erlag er. Dies ist das Mysteriöse für Dejaneira und die Zuhörer, das zugleich für die Tendenz der Tragödie bedeutsam wird. Als jene darauf die Gefangenen innigst bemitleidet, führt die Frage nach der schönen Jole zu dem bekannten Trug des Lichas und dies Ereigniss wieder zu der ferneren Enthüllung durch den Boten. Hier vor allem wird die wahre Veranlassung zu Herakles' letztem Feldzug entwickelt und durch Erwähnung von Joles hohen Reizen zur Erhöhung der Qualen der Gebieterin beigetragen. Nächstdem gesteht Lichas bei seinem Abschiede geradezu, die Gefangene sei seines Herrn Gemahlin, eine Aeusserung, welche besonders durch die Milde und Schonung Dejaneiras herbeigeführt wird, womit sie ihres Mannes Fehltritte beurtheilt. Nicht

ohne Wichtigkeit für die Charakteristik des Herakles ist
es übrigens, dass Lichas nicht auf Befehl, sondern aus Rück-
sichten gegen die rechtmässige Gattin sich diese Täuschung
erlaubt hat. Mit den beiden Schlussversen der ganzen
Rede kehrt er dann noch einmal zum Hauptthema zurück:
In Thaten zeichnet er sich überall sonst aus, der Liebe
unterlag er ganz! Hiermit wird durch den untergeordneten
Sieg gegenüber dem sittlichen Erliegen des Helden auf
jene vom Dodonäischen Orakel eingegebene Deltos hingewiesen, welche nimmer trügt, auf jenen Kampf, von dem
es abhängen soll, ob jener sterben oder gekrönt werden
soll. Mochte die Welt es auch glauben, Herakles habe wie
immer seinem Heldenarm getreu neue Triumphe geärntet,
er war schmählich unterlegen, so gewiss als das Orakel in
seiner, wenn auch doppelsinnigen, Rede nicht irren kann.

Die Erniedrigung des Herakles im Siege war durch
die Aussagen zweier Zeugen festgestellt und die Ursache
des Vergehens, Jole, stand vor Augen. Ihre Schönheit, der
Adel der ganzen Erscheinung hatte es Dejaneira leicht gemacht, ihre Nebenbuhlerin schon unbewusst und unvorbereitet aus der Masse der Gefangenen herauszuerkennen.
Zärtlich in ihren Empfindungen und dunkel in ihren
Ahnungen, war Dejaneira ein Weib im vollsten Wortsinn.
Wer hätte sie also tadeln können, wenn sie in ihrer Lage
sich zu dem letzten unfehlbaren Mittel flüchtete, wenn sie,
wie Thoas der Iphigenie vorwirft, der Vorsicht klug die
List zur Seite stellt? Als sie dem Chore mittheilt, was sie
schlau ersonnen, gesellen sich zu dem Gefühle der Eifersucht härtere Ausdrücke gegen Herakles; während sie den
edelsten Stolz kundgiebt und jene Hoheit der Seele, ohne
welche wir die wahre Keuschheit nicht denken können, ●
weiss sie sich von erniedrigendem Stolze oder Grolle als
von etwas Unschönem fern zu halten. Und so setzt sie
ihre letzten Hoffnungen auf die Zauberkünste, welche sie
sonst verachtet, und händigt das Nessosgewand mit absichtlich zweideutigen Räthselworten dem Lichas ein. Es war

Brauch, bei wichtigen Lebensereignissen zu opfern, und
hierzu hatte die Herrin, während der Chor triumphirt,
die Zeit benutzt. Da das Opfer zu bestätigen scheint,
was das Herz befürchtet, so macht sich das gepresste
Gemüth vor den Jungfrauen von Trachis Luft, aber sie
wissen keinen Trost, sie verweisen dorthin, wo kein
griechischer Sinn fest ankert, auf Hoffnung, dann dass
der Fehltritt nicht bös gemeint und unfreiwillig sei.
Beides lehnt Dejaneira ab, ja die Unzurechnungsfähigkeit
verwirft sie mit Bitterkeit. Da tritt Hyllos vom Vater ge-
sendet auf, voll von Verwünschungen gegen die Mutter
macht er uns als Augenzeuge des Vorgefallenen mit den
Schmerzen des Herakles bekannt und bereitet die Erscheinung desselben vor. Seine Rede erinnert lebhaft, auch in
ihren Folgen, an den Bericht des Boten über die Leiden
und den Tod Antigones und Haimons im Beisein Eurydikes.
In unserem Drama wird dadurch erstens ein doppeltes Mitleid hervorgerufen, zunächst mit Herakles' Todesqualen,
dann in unendlich ergreifenderer Weise mit Dejaneiras
Seelenzustand. In den Hintergrund tritt der Tod des Lichas
und das zweifelhafte Ergehen das Hyllos, welches der Vater
selbst als an sein eignes Schicksal geknüpft in Aussicht
stellt. Zweitens aber leitet dieselbe den thatsächlichen Beginn der Abbüssungen des Herakles ein, für den denkenden
Leser mit derjenigen tragischen Berechtigung, wie sie durch
die einzelnen Fäden der Handlung hin vom Dichter begründet vorliegt und in den folgenden Partieen versöhnend
noch auszuführen ist. Wenn Herakles heldenkräftiger den
höheren Siegespreis über seine Leidenschaften errungen
hätte, so würde Dejaneira jenes Gewandes nie gedacht
haben; und schon hiermit wird rechtfertigend auf die Busse
hingewiesen, welche jener zu entrichten hatte, wogegen man
fragen kann, weshalb ein Weib leiden muss, welches keusch
und rein als Jungfrau, züchtig als Neuvermählte, überall
als zärtlich liebende und treue Gattin, endlich als um ihre
Kinder sorgsam bemühte Mutter gezeichnet wird. Dejaneira

scheint also ebenso schuldlos zu sterben wie Eurydike, ohne
dass eine vom Schicksal gebotene Nothwendigkeit vorlag.
Wohl aber der inneren Ursachen treten uns mehr als eine
entgegen, und aus ihnen ergiebt sich, dass Leben für sie
eine Unmöglichkeit, der Tod aber eine Zufluchtsstätte geworden ist aus Verhältnissen, deren Entwirrung unter allen
Umständen ihr keinen Segen bringen kann. Die Untreue
des Gatten beraubt die viel Geprüfte der Liebeswonne und
des Glückes, wofür sie als vor vielen Frauen berufen und
befähigt geschildert wird. Sodann verletzt sie tief die Rücksichtslosigkeit und niedrige Unzartheit, wonach der Gatte
selbst den Gegenstand seiner neuen Leidenschaft ihr nicht
allein vor die Augen führt, sondern sie wird sogar beauftragt, das Gift für jede weibliche Sittenreinheit unter einem
Dache mit sich sorgsam zu bergen und zu pflegen. Dejaneira
selbst führt dies mit als einen Anlass ihres Sterbens an,
und der Ort ihres Todes, das Zimmer und gemeinsame Ehelager des Herakles, belegt dies in zarter Andeutung. Drittens kommt der Fluch des eignen Kindes hinzu: Durch
deine List ist der Vater gemordet, treffe der Dike Fluch
dich dafür! Lebend wirst du ihn oder todt gleich wiedersehn.
— Sie sah ihn nicht wieder. Dejaneira machte, wie sie
dachte und fühlte, im eignen Gewissen sich Vorwürfe, dass
sie ihre Zuflucht zu jenen Zauberbanden genommen und
unschuldig schuldvoll ihren Gatten in das Todesnetz ver-
strickt habe. Diese Welt konnte demnach für sie nur noch
ein lebendiges Grab sein.

Der Bericht des Hyllos ist ein Hauptwendepunct der
eigentlichen Peripetie im Drama. Da in ihm über das
Schicksal des Herakles und folgerichtig auch über das der
Dejaneira entschieden ist, so bleibt die Lösung einer Hauptaufgabe, der Schluss der Tragödie, noch übrig. Gerade bei
diesem Wendepunct tritt uns die Forderung des Aristoteles
entgegen: eine vollendete Tragödie solle durch Mitleid und
Furcht an uns eine Reinigung solcher Leidenschaften vollbringen, die in das Bereich jener beiden fallen. Das Mit-

leid erfordert einen unverdient Leidenden und die Furcht
einen unseres Gleichen. Es kann nicht zweifelhaft sein,
wen von unseren beiden Characteren das Mitleid vorzugsweise trifft. Unsere Eindrücke in dieser Beziehung sind
durchaus wahrhaft !und wir empfinden eine Uebereinstim
mung des Leidens mit Etwas, was schon in uns vorhanden
war; wir setzen hier voraus oder nehmen unwillkürlich eine
Aehnlichkeit an zwischen uns und dem leidenden Object,
und bei dieser Aehnlichkeit ist Mitleid nothwendig; wo sie
dagegen fehlt, unmöglich. Die antike Tragödie beabsichtigt unser Mitleid zur Tugend
zu erheben. Dies vermag sie jedoch nur dann, wenn wir das-
selbe von |den Extremen fern halten und nach Anleitung
jener Muster unsere Seele reinigen, nicht nur wo sie zu
viel, sondern auch wo sie zu wenig Mitleid empfindet.
Ebenso verhält es sich mit der tragischen Furcht. Wenn
ihre Kraft und Wirkung richtig verstanden wird, muss sie
theils denjenigen belehren, welcher durchaus kein Unglück
befürchtet, theils die Seele dessen bessern, welcher durch
die entfernteste und unwahrscheinlichste Gefahr in Besorgniss versetzt wird. Das Schicksal des Herakles wirkt auf
jene Läuterung in mehr als einer Hinsicht, und ist dies
schon bei uns der Fall, wie vielmehr in Attika, einem
Lande, das vor allen anderen gegen den Herakles und
seinen Dienst fromm war. Dieser knüpft sich an tausend-
fache Eigenschaften und Gestaltungen (vgl. Welck. Aisch.
Tril. p. 45); die Summe seines Wirkens vereinigt der Held
indessen als Unheil abwehrender ($\dot{\alpha}\lambda\varepsilon\xi\acute{\iota}\varkappa\alpha\varkappa\varrho\varsigma$), wie ihn auch
Sophokles in seinen Todesqualen andeuten lässt: Andere
zahllose Leiden machte ich durch und keiner errichtete
meinen Thaten ein Denkmal! Ausserdem ist er für unseren
Dichter, obgleich Sd ⎌. des Zeus, ein Mensch und geberdet
sich als solcher gegen die Götter und seine vermeintlichen
Feinde auf Erden mit Uebermuth, bis er besser belehrt
den höheren Bestimmungen eines ewigen unabwendbaren
Verhängnisses sich fügt, welches die Götterstimme im Seller-

haine aus des Vaters tausendstimmiger Eiche verkündet hatte. Die Mythologie besteht aus zwei Hauptelementen, aus einem historischen und einem poetischen. Beide zu sondern ist schwierig und bisweilen nicht mehr ausführbar. Gleich falsch ist es aber, wenn man für Erklärung einer Heroensage nur eines von beiden ausschliesslich aufnimmt. Ein Theseus und Pelops, Aias und Achill, Philoktet und Odysseus, Herakles und Perseus mögen immerhin geschichtliche Personen sein, aber eine jede hat ihr poetisches Gewand und Colorit, welches, durch Dichterklänge verbreitet, bis zur sagenreichen Tradition von Mund zu Mund erstarkt und zum religiösen Glaubensdogma ausgebildet wurde, so dass es am Ende auf festem Boden wurzelte und wuchs. Wenn nun aber ein Heros vor dem anderen zu dem einen dieser beiden Elemente mehr neigt, so wird für Herakles mit Buttmann (Mythol. I, p. 248 ff.) eine ursprünglich poetische Mythenbildung angenommen werden müssen. Daher ist er als Ideal menschlicher Vollkommenheit d. h. höchster Körperkraft aufzufassen, seine Eigenschaften aber sind göttlich und göttlichen Ursprungs für die Heroenzeit. Kaum geboren erdrosselt er in der Wiege die Schlange, als Jüngling steht er auf dem Scheideweg zwischen Tugend und Laster, gleichsam als ob angeborene durch Erziehung gehegte Tugend erst durch die Wahl der freien That sich bewähren könne. Ferner wird sich aber grosse Tugend nur durch dauernden Widerstand kräftigen, und diesen erfährt Herakles auf allen seinen Wegen. Denn das Böse waltet nach antiker Vorstellung unter Menschen und Göttern. Diese ihn überall begleitenden Fallstricke legt ihm zu seinem und seiner menschlichen Natur Verderben bekanntlich Heras Eifersucht gegen Zeus. Es ist aber ganz im Sinne des Alterthums, dass mit einer vernichtenden Gottheit eine hülfreiche in Widerspruch tritt, und hierzu wird Pallas vom Mythos erkoren. Herakles gilt dadurch nicht als Ideal roher, ungebildeter Körperkraft, als Keulenschwinger und

Todtschläger schlechthin, sondern er wirkt im Interesse
höherer, civilisirterer Zwecke, damit er, wie Hesiod singt,
den Brod essenden Menschen ein Helfer in der Noth er-
wachse. In diesem Sinne wird er dem Briareos entgegen-
gesetzt und die vielfachen Thaten und Abenteuer, welche
bei anderen barbarischen Völkerschaften vorfielen, wurden,
soweit sie hiermit übereinstimmten, von dem einzig geistigen
Volk der Hellenen an seinen Namen angeknüpft. Wenn
indessen der Grieche in ihm seines Gleichen erkennen, wenn
sein Vertrauen zu ihm grösser und die Belehrung an ihm
und durch ihn fruchtbarer werden sollte, so musste die
Dichtung diesen Helden irren, fehlen und sündigen lassen.
Hiermit treten wir der mythischen Umbildung in der tragischen Auffassung des Sophokles näher. Herakles verfällt
nach der Sage bisweilen in Raserei, wobei er seiner eignen
Natur zuwider Freunde und Verwandte zerreissen möchte.
Schlimmer war es, dass er bei vollem Bewusstsein seinen
Gast Iphitos heimtückisch umbrachte. In Folge davon er-
krankt er, wie es scheint, unheilbar, als Busse werden ihm
Sclavendienste bei der Omphale auferlegt, und obgleich er
auch in dieser Dienstbarkeit grosse Thaten vollbringt, er
wird von den Netzen dieser anderen Kirke umstrickt, die
erste Heldengrösse findet sich in den Banden der Wollust
und Weichlichkeit, ja selbst mit Weiberarbeiten im Frauen-
schmuck beschäftigt, ein vollendeter Gegensatz von dem
Ideal männlicher Kraft. Darauf erstarkt er wieder und
consequent schliesst die Sage mit der durch seinen physischen Tod herbeigeführten Aufnahme in den Olymp. Ein
unnatürliches Giftgewand, welches den ganzen Körper mit
Schmerzen durchwühlt, dient in sinnreicher Weise dazu,
Seelengrösse und Characterstärke bis ans Ende seines
Erdenlebens zu bewähren. Wenn er aber den schuldlosen
Ueberbringer des Gewandes ins Meer schleudert, vom Schmerz
in Raserei versetzt, so ist dies eine spätere, wohl nur
tragische Ausschmückung, die jedoch auch im Mythos ihren
allgemeinen Anknüpfungspunct findet; und wenn die makel-

lose Veranlasserin eines grossen Unheils sich selbst bestraft,
so steht dies ausser der Mythe, wohl aber in dem tragisch
dramatischen Grundtext eines durch Tugenden und Laster
vielfach verfeinerten, seit der Heroenzeit umgestalteten
Jahrhunderts. Der Held als solcher wird bei Sophokles
nach dem Urtexte seines mythischen Heldenbuches nicht
nur bewahrt, sondern in gewissem· Sinne verklärt und erhoben, wenn er selbst sich den Scheiterhaufen, schon im
Bewusstsein des Todes, bauen lässt und ihn besteigt, um
sein Leben in sühnendem Feuer zu enden, nachdem er den
Freund, der ihn angezündet, zum Erben seines Geschosses
machte. Die Phantasie der Alten ist unerschöpflich; der
Tod schneidet sie nicht immer ab, sie reicht auch über das
Grab hinaus. So heisst es denn weiter, dass nur das sterbliche, von der Mutter ererbte Theil von der Flamme ver-
zehrt worden sei. Auf den brennenden Scheiterhaufen senkt
sich eine Regenwolke mit Donner und nimmt den Körper,
von irdischen Stoffen befreit, in den Himmel auf, wo Herakles
mit Hera versöhnt und ihrer Tochter, der Göttin ewiger
Jugend, vermählt wird.

Die Schuld des Herakles fordert, um auf unser Drama
zurückzukommen, für jedes sittliche Gefühl eine den Ver-
gehungen entsprechende Busse. Berichtweise hörten wir
davon durch Hyllos, aber das Drama will Anschauung der
am Schuldigen selbst verwirklichten Sühne. Nachdem die
Bühne durch Dejaneiras schweigendes Abtreten leer geworden ist und auch Hyllos fast gleichzeitig das Logeion
verlassen hat, unternimmt es der Chor, den Empfindungen
der Zuhörer aufs Wohlthuendste Ausdruck zu leihen. Durch
die Erfüllung des Orakels ist er mit dem Leiden des Herakles
ausgesöhnt: der sein Auge schloss, ist frei von allen Lasten!
Am Schluss birgt er nicht einen Wehruf, dass Oichalias
Jungfrau in die hochgethürmte Burg eingeführt sei und dass
sich Kypris den siegenden Waffen des Herakles angeschlossen
habe. Die Gewissensqualen Dejaneiras, von denen er eben
noch sang, hat der Tod geendet; die Amme giebt den Her-

gang, und das Wechselgespräch zwischen ihr und dem Chor
stellt uns das Ereigniss nur ergreifender vor. In dem kom-
matischen Klaglied endlich sieht die Phantasie des Chores
rückwärts schauend Dejaneiras Leiche, vorwärts gewendet
erwartet sie das Annahen der grässlichen Wundererschei-
nung; schon hört man das Geräusch der Begleiter, aber
gegen die Erwartung keinen Laut des Gepeinigten. Auch
des Sohnes erste Schmerzensergüsse lassen noch einen
Zweifel, ob der Held lebe oder bereits gestorben sei. Erst
der Greis erlöst aus dieser Ungewissheit und gleich darauf
erwacht Herakles. „O Zeus, wo bin ich?" Er hatte tief
geschlummert und mit dem fehlenden Bewusstsein über die
Oertlichkeit schien auch der Schmerz momentan ausgeruht
zu haben. Dies ist weise berechnet. Die Körperqualen
sollten zunächst vor den Augen der Zuschauer selbst zu-
nehmen. Die Handlung fortan, nur noch auf ein Leben
hingerichtet, welches nichts weiter zu vollziehen hatte, als
die grösste That, nämlich zu sterben, bleibt dadurch in
desto thätigerem Wechsel für Aug' und Gemüth des Be-
schauers. Zugleich liegt hierin aber eine tiefere Bedeutung
für das Motiv der Tragödie. Die Körperleiden sollten uns
als die erste Busse für die Vergehen entgegentreten, erst
am Ende mischt sich diesen Schmerzensausbrüchen ein
Seelenschmerz über Undank der Hellenen (1011) bei, weil
sie ihren Wohlthäter nicht durch Feuer oder Schwert be-
freiten. Doch Zeus will es, umsonst ist also die Forderung
an Hyllos, rasche Heilung zu geben, umsonst ruft er seine
frühere Schirmerin Pallas an, umsonst den Bruder des Zeus,
den Hades. Und gleichwohl gewinnt er soviel Ruhe, aus
den lyrischen Ausbrüchen seines Wehs in den ruhigeren
Ton des Trimeters überzugehen; er muss die dramatische
Berechtigung, die er in sich und seinem Leben ·erfüllt hat,
besonnener und bewusster darthun. Der Dichter versäumt
es nicht, den Herakles bemerken zu lassen, wie seine Pulse
schwächer schlagen, sein Körper schon aufgezehrt, sein
Blut fahl und farblos geworden, kurz wie er des physischen

Menschen beinah entkleidet sei. Damit wird nach der Wahrheit natürlicher Gesetze auch äusserlich die eintretende Resignation erklärt, ohne dass die Strafe des in der Nothwendigkeit vertretenen Rechtes dadurch gemildert wird. Bei grösserer Reflexion häuft er jetzt alle Schuld auf seine Gattin; nicht Hera, nicht Eurystheus sind seine Verderber, keine Lanze, kein Gigantenzug, kein Unthier, kein Hellene, kein Barbar, sondern ein Weib allein, von weibischer, nicht Männer Art erlegt ihn ohne Schwert. Welche Worte im Munde des einst vergötterten Riesenmenschen, und dieses Weib war seine Gattin! In seinen Sohn legt Herakles darauf den ganzen Fluch über diese nieder; aber kaum hat er begonnen, als auch schon, einer vergeltenden Nemesis gleich, erneuerte Martern seinen Körper durchzucken. Er kehrt zum Gebet zurück, ruft Zeus und Hades als seine Befreier an und zählt die mit Götterbeistand vollführten Thaten auf. Der Chor, stets vom Augenblick abhängig und mit den wechselnden Ereignissen gehend, sieht nur den Verlust eines Helden wie Herakles in seinem· Geiste und, uneingedenk der Verschuldung, die er zu büssen hat, ruft er: Unglückliches Hellas, welches Leid für dich, wenn du seiner beraubt wirst! Worte, die schwerlich auf eine einzelne historische Person anzuwenden sind, wohl aber ein erhebender Zuspruch aus dem Organ der Volksstimme für jeden sein mochte, der wie Herakles Kraft zu schaffen in sich fühlte.

Hierauf trägt Hyllos eine grosse Schuld ab; er entsühnt seine Mutter und beinah der Name Nessos genügt seinem Vater, sich an die richtigere Deutung der Göttersprüche zu erinnern: Weh, weh ich Unglücklicher, ich bin dahin, verloren, nicht mehr scheint mir der Sonne Licht. Wie oft er den Tod herbeigewünscht, alle jene Anrufungen haben nicht den Ernst an sich, welchen dieses unentrinnbare Todesurtheil in sich schliesst, das ihm mit jenem Kentauren gesprochen war. Der Selbsterhaltungstrieb ist unerschöpflich, und wenn es in Mitten vernichtender Todesschmerzen ist. Es ist also

ganz aus der Natur gegriffen, wenn sich Herakles erst jetzt
nicht leidenschaftlich, sondern ruhig und besonnen, in sein
unentfliehbares Geschick findet. Von der Nothwendigkeit
überwältigt, blickt er ruhig in die neue Welt, die sich ihm
aufthut, und selbst hierin, wie in seinem standhaften Feuer-
tod wird der nur zur Hälfte der Menschheit verfallene, un-
sterbliche Heros von dem Tragiker schonend angedeutet.
Auf Zeus geweihtem Oita-Berge will er der Erde entrichten,
was ihr gebührt, und diesen letzten Tribut soll ihm der
Sohn mit erlesenen Freunden entrichten.
Vor der Bestattung blieb ihm indessen noch in Einem
Beruhigung zu suchen. Jole war unter den Gefangenen
mit aufgeführt und wird vom Chore als die Urheberin alles
Unheils erkannt, ebenso wie ihr Hyllos der Mutter Tod
und des Vaters Unheil zuschreibt. Dieser musste demnach
dem Ansinnen ausweichen, dieses Mädchen zu heirathen,
und er thut es mit so reinem Feuer der Entrüstung, dass
des Sohnes moralisches Gefühl vor uns und ihm vollkommen
gerechtfertigt erscheint. Der reuevolle Widerruf seiner
Verläumdungen gegen die Mutter, der Schmerz um ihren
Tod und die Rechtfertigung derselben vor dem Vater und
bei alledem die durch nichts zu erschütternde Liebe und
Pflichttreue gegen Herakles, dies alles stellt uns den Hyllos
als einen sittlich makellosen Jüngling dar, nichts desto
weniger sehen wir ihn dann, wie er dem Kummer, den
neu angefachten Schmerzen des Vaters über jene Weigerung, dem von ihm angewünschten Götterfluch, zuletzt den
Betheuerungen nachgiebt, dass die Forderung keine gott-
lose sei. Es muss also ein höherer Grund vorliegen, weshalb Sophokles dies überraschende Ereigniss zuliess, zumal
es nicht feststeht, ob es schon in der Sage gegeben war.
Denn Apollodor erzählte es nur unserem Dichter nach. Auch
ist es nicht wahrscheinlich, dass des Hyllos wegen das Be-
gehren des Herakles eingeflochten, um dessen Unschuld
und männliche Tugend beinah in der schwersten Prüfung
des Gehorsams zu zeichnen, wenn auch für den Dramatiker

hiermit eine neue Seite im Character des Sohnes gewonnen wird. Auch dies reicht nicht aus, was Herakles selbst uns an die Hand giebt, ein Weib, welches er selbst einmal geliebt habe, sei nur würdig, von einem aus seinem Blute gefreit zu werden. Die Erfüllung seines Willens ist ihm zu hochwichtig, nach allen seinen Bitten zu schliessen, als dass diese Beweggründe bei einem scheinbaren Paradoxon schon ausreichen sollten, obgleich sie nicht ausser Acht gelassen werden dürfen. Viel wichtiger ist es, dass die durch das ganze Stück hindurch an und für sich schuldlos leidende Jole, die einst als Königstochter voller Ehren und mit dem Loose einer Gefangenen unbekannt war, weder leiden noch bestraft werden durfte. Sie ist so schuldig, wie das Todesschwert, an dem der Verbrecher sich sühnt und Busse zahlt. Ein Character wie Jole durfte nicht einer abgeschnittenen Knospe vergleichbar vergehen; sie musste einen Stamm finden, den ihr das grosse und gerechte Schicksal der Tragödie zuwies, und zwar einen edlen und ebenbürtigen. Indem aber Herakles selbst auf diese Weise für sie sorgt, spricht er es aus, dass auch diejenige, welche der Chor und Hyllos als Urheberin des Elendes schliesslich angesehen hatten, unschuldig sei, dass er, wie es nicht anders möglich sei, einer höheren Macht erliege und dass der Grund des ganzen Conflictes in dem Mangel an Selbstbeherrschung und Nachgiebigkeit gegen seine Leidenschaften bestehe. Die dem Wesen des Herakles zu Grunde liegende Idee wird hier wiederum bis zur letzten Consequenz durchgeführt. Unserem individuellen Gefühle widerspricht durchaus eine Forderung, welche uns ebenso rücksichtslos gegen Hyllos als wunderbar und gegen die Sitte verstossend im Munde des Herakles vorkommt. Nichts desto weniger ist sie dem antiken und insbesondere dem Sophokleischen Standpunct ganz angemessen. Herakles, der allen geholfen hatte, darf die nicht hülflos zurücklassen, welche schuldlos durch ihn zu Grunde gerichtet war; vor allem aber muss auch dieser grösste Heros des Hellenen-

thums zugestehen, dass wir von einer höheren Hand abhängen, deren Gerechtigkeit wir verfallen, wenn wir unsere
Wege wandeln, und mit der ' erst dann eine Aussöhnung
eintritt, wenn wir zur Einsicht unserer Fehler gelangen.
Hyllos hatte seine Mutter gerechtfertigt, insofern sie das
Werkzeug des göttlichen Willens gewesen war, Herakles
setzt die Jole in ihre vollen Rechte wieder ein, weil er
selbst ihrer Schönheit nicht hatte widerstehen können und,
indem er die Schranken der wahren Freiheit durchbrach,
sich zu einer Willkür fortreissen liess, welche weder Zeus
noch die ungeschriebenen Gesetze dem Menschen einräumen.
Die Einzelgefühle des Hyllos müssen gegen diese grösseren
Gedanken zurücktreten; Herakles aber hat sich durch diese
letzte That von dem Fehl, das allein noch an ihm haftet,
gereinigt, und wird seiner selbst sich klar bewusst den
Unsterblichen zugeführt.

Die allmälige Verklärung ist vom Dichter, natürlich
nach antiker Vorstellung, wahrhaft gross und erhaben vor
uns entfaltet. Unser Heros adelt und erhebt seinen Tod
gleichsam zum freien Entschluss, nachdem er sich in sein
Schicksal ergeben und die göttliche Gerechtigkeit aner-
kannt hat. Während der zur Strafe verdammte Körperan-
theil nach und nach ausbrennt und verfällt, gelangt er zu
der männlichsten Selbstherrschaft über sich und macht so
durch Bestellung und Besteigung seines tödtlichen Scheiter-
haufens das Gottesurtheil zu seiner eignen, frei erwählten
That. Ein solcher Held hatte abgebüsst auch vor dem
Richterstuhl des orthodoxesten Heraklesverehrers in Attika
und der Anspruch auf den Götterolymp war, wie allegorisch
in seinem Flammentode angedeutet wird, für jeden Griechen
entschieden.

Das Drama hält die Mitte zwischen einer Character-
und Schicksalstragödie. Wenn das Schicksal alle Voraus-
setzungen der dramatischen Handlungen darbietet, wenn es
sogar die innerlichste Verkettung, die strengste Folge der
einen aus der andern Begebenheit bedingt und die Gliede-

rung der Einzelgruppen zu harmonischer Totalität zusammen-
fasst, so treten die Charactere desselben, mit Ausnahme von
Jole, gleichwohl in ihrer thätigsten Freiheit hervor. Hatte
der Alkide, der schon durch seinen Namen zum Symbol
der Stärke gestempelt war, im Trotz auf seine Unbezwing-
lichkeit den Orakelspruch einseitig und somit falsch ge-
deutet, war er durch eine Schule strenger Prüfungen und
Drangsale zu hellerer Erkenntniss durchgedrungen, und
hatte er sich dem Willen, der in jenem Ausspruche lag,
gefügt: so wurde er dadurch der Gnade der Himmlischen
würdig, die fortan für ihn streiten konnten und ihm zur Erlösung seines veredelten Selbst verhalfen. Das Schicksal der
Dejaneira sollte nach der Ansicht des Dichters ein unter-
geordnetes sein, Herakles ist und bleibt die Krone des
Ganzen, alles ist von Anbeginn auf ihn gerichtet und die
mit einem gewissen Grauen erfüllenden Stimmungen der
Dejaneira im Prolog entstehen aus dem zweifelhaften Ergehen des Gatten. Aber in Rücksicht des Hauptmotives
und zum Beweise jener Mittelstellung zwischen Character-
und Schicksalsstück ist die Gattin nichts weniger als unbe-
deutend. Denn das vom Schicksal ihr bereitete Mittel,
des Mannes Liebe zu bannen und zu fesseln, leitete ihre
That und aus ihrer Handlung, womit sie dem Herakles
den Untergang bereitete, jedoch ohne Wissen und Verschuldung, vielmehr aus den reinsten Beweggründen, entspringt ihr eignes Verderben.

IV.

Ueber die Elektra.

Die antike Tragödie beobachtet in ihrer ganzen Eintheilung und Anordnung weit strengere und fester bestimmbare, allgemeine Regeln, als dies in der modernen der Fall ist. Allerdings brachte die fortschreitende Weiterbildung des Dramas mancherlei mit sich, was uns beweist, dass das dichterische Genie bemüht war, innerhalb der gegebenen Schranken einen möglichst weiten Spielraum eigner schöpferischer Thätigkeit zu gewinnen. Man wird sogar hin und wieder auf das frühere oder spätere Alter der Stücke aus Aenderungen und Neuerungen schliessen können, wie z. B. die Stellung des Chores durch Aischylos äusserlich und in seinem Verhältniss zu den handelnden Personen allmälich bedeutend umgeformt ist und Sophokles zu weiterer Vervollkommnung desselben nicht wenig beigetragen hat. Dagegen hat die griechische Tragödie, soweit wir sie verfolgen können, immer einen und denselben Zweck im Auge gehabt, nämlich sittlich religiös auf den Zuhörer zu wirken. Den Standpunct, den speciell Sophokles in dieser Beziehung einnahm, haben wir in den früheren Abhandlungen festzustellen gesucht; wir wollen jetzt mit besonderer Berücksichtigung der Elektra den äusseren Plan, so weit es sich bewerkstelligen lässt, näher begrenzen, wonach der Dichter seine Stücke bearbeitete.

6

Zuvörderst verfehlen wir hierbei nicht, auf den grossen Unterschied aufmerksam zu machen, welcher sich in der bedeutend von einander abweichenden Vorstellung von Zeit- und Raumverhältnissen in der alten und neuen Tragödie bemerkbar macht. Wenn das Drama des Sophokles in religiöser und philosophischer Beziehung etwa als ein Ausdruck der Gebildeten im Perikleischen Zeitalter gelten kann, so befolgt es in seiner äusseren Haltung auf gleiche Weise die Kunstgesetze, welche die damaligen Koryphäen in höchster Vollendung vorzeichneten. Abgesehen von der ruhigen und gemässigten Sprache zeigt sich dies besonders an dem gleichmässig, ohne Unterbrechung fortgehenden Verlauf der Handlung, welche ausserdem beinah immer an demselben Orte spielt. Wir haben hier die Nachahmung eines plastischen, das Ganze in einer Reihenfolge von Einzelheiten darstellenden Kunstwerkes, nicht eines perspectivischen Gemäldes, welches z. B. bei einer Landschaft oder einem geschichtlichen Gegenstand die Ereignisse lebendiger und mannichfaltiger wiederzugeben vermag, weil es weniger einseitig an Zeit und Raum gebunden ist. Die griechische Bühne veranschaulicht uns dies, indem sie lang gestreckt und ohne Tiefe dieses Nebeneinander versinnlicht. Die sämmtlichen Dramen des Sophokles umfassen daher nur einen kurzen Zeitraum; und zwar wird dies entweder z. B. im Aias geradezu ausgesprochen, wo es sich um jenen einen verhängnissvollen Tag handelt, oder es geht aus den Umständen hervor, weil einer den anderen vorbereitet und einer nach dem anderen unmittelbar eintreten muss. Als Orestes dem Pädagogen seinen Entschluss mitgetheilt hat, entfernt er sich, da Elektra erscheint, von der er nicht erkannt werden darf, und als Elektra ihre Klagen beendet hat, tritt Chrysothemis auf als redender Beweis, dass die Klagen der Schwester berechtigt sind, zugleich aber meldet sie die Drohungen der Eltern, welche wiederum die Klytaimnestra-Scene vorbereiten. Darauf läuft die Nachricht vom Tode des Orestes durch den Pädagogen ein, welche einerseits eine scheinbare Beantwortung des Opfers der Klytaimnestra ist, andererseits den verzweifelten Entschluss der Elektra zur Folge hat, woran sich endlich der Wiedererkennungs- auftritt der Geschwister und nächstdem die Vollstreckung der listig ersonnenen That schliesst. Obgleich nun die Handlungen, insofern sie neben und aus einander vor sich gehen, eine regelrechte Zeitfolge erfordern und Sophokles in diesem Puncte über die Homerischen Sänger sich erhebt, welche so untergeordnete Vorstellungen von der Zeit hatten, dass man, was indessen bedenklich ist, aus den hieraus entspringenden Widersprüchen im siebenten Buch einen Schluss auf die Homer-Frage hat ziehen wollen, so fehlt doch und muss sogar mit Rücksicht auf die Abhängig- keit, welche Sophokles für den einzelnen Menschen ver- langt, jegliche Zeitbegrenzung fehlen, welche das handelnde Subject nach eignem Gutachten sich festsetzt. Hieraus so- wohl wie aus der Concentration der Handlung an einen Ort wurde für die Einheit des Stückes viel gewonnen. Und wenn man sich bei Veränderung des Orts durch das Ekky- klema zu helfen suchte, so scheint Sophokles dies theils selten und nur in ausserordentlichen Fällen angewandt zu haben, theils tritt durch dasselbe nicht eine vollständige Umwand- lung des Theaters ein, sondern es ist nur ein Theil der im Uebrigen unveränderten Bühne, welcher dazu verwandt wird, so dass dieser Einrichtung die Anschauung des Neben- einander ebenfalls zu Grunde liegt. Dass dem Princip einer ununterbrochenen Zeitfolge alles, auch Unwahrschein- lichkeiten nicht abgerechnet, weichen muss, sieht man an den Trachinierinnen, wo sich zwischen der Lichas- und Hyllos-Scene, also innerhalb noch nicht hundert Verse, eine ganze Reihe von Begebenheiten hinter der Bühne zutragen, wie die Reise des Lichas, das Opfer des Herakles, die Wirkungen des Gewandes, der Tod des Lichas und die Rückkehr des Hyllos; nichts desto weniger wird dies vom Dichter in keiner Weise auszugleichen gesucht und der Fortgang der Ereignisse dadurch nicht im Geringsten unter-

6*

brochen. Uebrigens werden wir es ganz der Eigenthümlichkeit unseres Dichters entsprechend finden, dass in den
anderen sechs Stücken eine Schroffheit, wenigsten von so
bedeutendem Umfang, nirgends vorkommt. Diese Einförmig-
keit in Raum- und Zeitverhältnissen giebt dem Trauerspiel
des Alterthums eine wunderbare Abrundung und Abge-
schlossenheit in sich; aber wir müssen auch zugestehen,
dass es sich, eben desshalb mit, in der Darstellung des
bunten und beweglichen menschlichen Lebens dem modernen
Drama gegenüber nicht messen kann.

Sophokles zog, wie wir gesehen haben, aus den Anschauungen seiner Zeit den Gewinn, dass er dem Individuum
die Wahl seines Schicksals zu überlassen schien. Er passte
daher die leidenden Personen in der Art ihrer Bestimmung
an, dass diese eine Strafe und Läuterung für ihre nicht
überwundenen Mängel wurde. Der fehlenden Selbsterkenntniss des Oidipus entsprach vollkommen seine Blendung und
die im Vergleich zu Kreon so schuldlose Antigone musste,
obgleich sie den Tod an und für sich nicht fürchtete, aus
ihrer ungewöhnlichen Strafe erkennen lernen, dass sie die
Wirklichkeit des Lebens vergessen und sich einer zu idealen
Auffassung hingegeben habe. Da nun zwei sich bekämpfende
Parteien nothwendig sind, um einen Conflict herbeizuführen,
beide aber eine gewisse Berechtigung für sich haben, weil
sämmtliche Charactere des Sophokles edele sind, so ergeben
sich diese für die Stücke des Sophokles in der Weise, dass
die eine von ihnen das durch die Gottheit Gewollte mit
menschlicher Kraftanstrengung zu bewirken sucht, die andere
aber den nicht absolut verwerflichen Gefühlen des eignen
Herzens oder menschlichen Satzungen Folge leistet, ohne
jedoch ein höheres, allgemein gültiges Recht zu berück-
sichtigen. Beide Richtungen gehen ins Extrem und bedürfen einer dritten, welche zwischen ihnen vermittelt und
als Organ der Gottheit selbst den Knoten löst. Es hängt
von der Geschicklichkeit des Dichters ab, ob es ihm ge-
lingt, diese dritte, sehr schwierige Figur in innere Beziehung

zum Stücke zu setzen, oder ob sie rein äusserlich, einem
deus ex machina gleich als reiner Nothbehelf zum Maschinen-
dienst herabsinkt. Der Gegensatz zwischen Sophokles und
Euripides ist hier ein besonders starker; man braucht sich
nur der Dioskuren in der Elektra zu erinnern, um zu beurtheilen, wie wenig glücklich dieser in der Lösung seiner
Dramen bisweilen sein konnte. Bei Sophokles wird diese
Rolle entweder von Sehern wie Teiresias übernommen, die
im Besitze des göttlichen Wortes sind, oder von Heroen,
wie Herakles und Theseus, welche in der Gestalt von Halb-
göttern, den Heiligen ähnlich, treffliche Mittelpersonen
zwischen Göttern und Menschen abgeben, oder endlich es
werden Heldencharactere geschaffen, welche wie Odysseus
im Aias Stellvertreter der Gottheit werden und von dieser
selbst zu ihrer Handlungsweise beauftragt sind.

Dieses einfache Thema kehrt mit mannichfachen Ab-
wechslungen, aber in der Hauptsache sich gleich bleibend,
in allen Trauerspielen des Sophokles wieder, soweit sie uns
bekannt sind, und lässt sich in der Elektra ohne Schwierigkeit nachweisen. Elektra, die von ihrer Mutter verfolgte
Tochter des Agamemnon, kann ungeachtet aller Bemühungen
ihrer Gegner nicht bewogen werden, die Kindesliebe zu
opfern, welche nach uralten Gesetzen unter den Menschen
geheiligt ist, und der Entschluss, nicht bloss in Worten,
sondern auch in Thaten diese zu bewähren, steht so fest,
dass sie auf die Kunde vom Tode ihres Bruders, der die
einzige Hoffnung zur Verwirklichung ihrer Pläne war, selbst
mit eigner Hand an den Mördern des Vaters Rache zu üben
beschliesst. Ihr entgegen thun Aigisthos und Klytaimnestra
alles, sie unschädlich zu machen, diese mit einem Schein
von Recht, weil sie in dem Opfer ihrer Tochter Iphigenie
eine Verletzung der Mutterliebe durch Agamemnon erkennt,
jener, ohne alle Entschuldigung, wird als entschiedene
Nebenperson behandelt und fügt sich seinem Schicksal, als
er sieht, dass er ihm nicht mehr entgehen kann, mit der
stillen Verzweiflung eines Fatalisten. Unsicher und unver-

mögend, bestimmt aufzutreten, schwankt Chrysothemis, ein ziemlich treues Abbild der Ismene, zwischen diesen Parteien hin und her. Orestes endlich wurde vom Dichter mit besonderer Kunst auserkoren, den göttlichen Willen zu vollstrecken; nur in dieser Stellung durfte und musste er der Mörder seiner eignen Mutter werden, wenn er nicht, wie bei Euripides, schliesslich einer Sühne unterworfen werden sollte. Nicht als Orestes, sondern beauftragt mit der von Apollon ihm zugedachten That, begeht er einen Mord, dessen Ausführungsart darum auch bis ins Kleinste vom Gotte angegeben wird; der Mensch aber im Dienste einer höheren Macht soll seine natürlichen Empfindungen zum Opfer bringen. Es erledigt sich hieraus die Behauptung Schlegels in den dramatischen Vorlesungen: der Schluss des Stückes sei ein entsetzlicher Theaterstreich und das Harren des Aigisthos auf seine Hinrichtung herbe! Klytaimnestra geht ganz in derselben Weise zu Grunde, wie einst Agamemnon durch doppelten Schlag vom Leben zum Tode befördert war (Aisch. Ag. 1343 ff.), und Aigisthos muss ebendort sterben, wo er seine Greuelthat begangen hatte. Von einem Theaterstreich kann hier um so weniger die Rede sein, als derselbe unvorbereitet kommen muss; das ganze Stück aber war von Anfang auf dieses Ereigniss berechnet.

In den sieben vorhandenen Stücken des Sophokles giebt der Prolog das Motiv, aus dem sich die Handlung entwickelt, ebenso wie in der Exodos die endliche Lösung des Ganzen bewerkstelligt wird. Es ist entweder ein Orakelspruch, dessen Erfüllung im folgenden Verlauf von Statten gehen soll, oder ein allgemeines von der Gottheit befohlenes Gesetz, dessen Vernachlässigung den Conflict herbeiführt. Das Verbot des Kreon in der Antigone verletzt ein solches Göttergesetz und trägt damit den eigentlichen Schwerpunct der Tragödie in sich. Aehnlich wurde über Aias, den grössten Helden der Hellenen nach Achills Tod, von der Göttin der Weisheit Raserei verhängt, weil er im Uebermuth der göttlichen Macht nicht geachtet hatte und von den aus dieser Raserei hervorgehenden Folgen handelt das Stück. Es gesellt sich jedoch zu diesem Brennpunct, dessen Strahlen das Ganze durchdringen, eine zweite für die Prologe des Sophokles beachtenswerthe Forderung. Wir erfahren nämlich aus ihnen im Allgemeinen sei es durch Andere oder aus ihrem eignen Munde, welche Parteistellung, um mich so auszudrücken, die Hauptpersonen einzunehmen gedenken und in welcher Lage sie sich augenblicklich befinden. Den in der Elektra abgehandelten Gegenstand, um den sich die ganze äussere Handlung dreht, enthält das Apollinische Orakel: auf listigem Wege soll Orestes ohne Heer und Waffen den Mord begehen (36 ff.). Deshalb zweifelt er nicht, die Nachricht von seinem Tode auszusprengen, die dem jungen Heldensohn an und für sich widerstrebend ist. Ja, um sich gewisser Massen vor sich selbst und den Zuschauern zu entschuldigen und diese zugleich auf die Wichtigkeit des göttlichen Befehls aufmerksam zu machen, beruft er sich auf andere Vorbilder, von denen es einst, wie von ihm jetzt, fälschlich (μάτην) geheissen habe, sie seien umgekommen (61—71). Orestes fühlte in seiner jugendlichen Bescheidenheit und einem gewissen Mangel an Selbstvertrauen — Eigenschaften, die nothwendig waren, wenn er das Werkzeug des Gottes werden sollte — das entschiedene Bedürfniss, sich an andere anzulehnen, deren glücklicher Erfolg seinem Unternehmen ebenfalls einen entsprechenden Ausgang zusichert. Uebrigens hat man unter jenen Vorbildern des Orestes die verschiedensten Persönlichkeiten verstanden; ausser dem Pythagoras und Odysseus hatte der Dichter vielleicht auch den Theseus vor Augen, welcher bei seiner Rückkehr von Kreta das schwarze Segel mit einem weissen zu vertauschen vergass und dadurch den Glauben erweckte, sein Unternehmen sei fehlgeschlagen. Durch den Spruch des Apollon also und durch die Mittheilung des Orestes, wie er demselben nachzukommen gedenke, wird die eine Bedingung eines Sophokleischen

Prologs erfüllt. Indessen nimmt Orestes, wenn er auch für
die Handlung selbst von grösster Bedeutung ist, schon deshalb der Elektra und Klytaimnestra gegenüber eine untergeordnete Stellung ein, weil er nach der Disposition des
Stückes nur den Vermittler zwischen den streitenden Hauptpersonen ausmacht und eben dadurch am Schlusse keiner
Läuterung bedarf. Nichts lässt unbefriedigter als jener
Versuch der Dioskuren bei Euripides, eine That zu entschuldigen, mit der wir uns nur dann aussöhnen können,
wenn sie vom Dichter als durch die Nothwendigkeit geboten
aufgefasst wird und damit die Frage fortfällt, ob sie mora-
lisch zu rechtfertigen sei oder nicht. Der Schluss der Euri-
pideischen Elektra ist ein Anhängsel, das die verfehlte Anordnung des Ganzen verlangte und das dem Aischylos Stoff
genug bot zu einem vollständigen Drama. Bei Sophokles
ist Klytaimnestras Ermordung, obgleich Mittelpunct der
Handlung, nebensächlich gegen das Schicksal der Elektra,
das entweder glücklich oder unglücklich enden muss. Da wir
aber aus dem Zwiegespräch zwischen Orestes und dem Pädagogen über die Lage und Verhältnisse der Haupheldin gar
nicht belehrt werden, so folgt nach dem oben Gesagten,
dass das Gebet der Elektra mit zum Prolog gehört, obgleich der anapästische Rhythmus darauf hinweist, dass in
derselben Zeit zugleich der Aufzug des Chores stattgefunden
haben wird (vgl. 123 ff.). Selbst, um den vom Dichter beabsichtigten Conflict zu erkennen, kann dasselbe gar nicht
entbehrt werden. Denn darüber darf kein Zuschauer in
Zweifel sein, dass die vom Gotte befohlene List und der
Anschlag auf das Leben der Mörder Agamemnons gelingen
werde. Soll demnach sofort Furcht und Mitleid in uns geweckt werden, so bedürfen wir für die Disposition des
Stückes eines neuen Momentes, aus dem sich der ganze
Verlauf entwickeln muss. Und so wird denn der Anordnung des Orakels, dass Orest die Nachricht von seinem
Tode verbreiten solle, der dringende Wunsch der Elektra
entgegengestellt, ihr Bruder möge heimkehren, von dem sie

die einzige Erlösung aus ihrem Unglück hoffen kann. Die Frage, mit der wir bis zu der Wiedererkennung der Geschwister beschäftigt werden und durch die unsere ganze Besorgniss rege gemacht wird, besteht darin, ob und wie Elektra, die der Prolog durch dieses einfache Gebet zur Hauptheldin erhebt und nach der eben desshalb die Tragödie benannt wird, die Kunde von dem angeblichen Tod des Bruders ertragen und sich diesem furchtbarsten Schlage gewachsen zeigen wird. Ueberraschend und insofern nicht ohne Effect müssen die Aeusserungen der Elektra auf den Zuhörer wirken, welcher vor wenigen Augenblicken den Vorsatz des Orestes vernommen hat. Wenn der Effect im antiken Drama für das Auge und die Sinne nicht vorhanden ist, theils weil die Mittel der äusseren Ausstattung ihn unmöglich machten, theils weil er der Anschauung des Alterthums überhaupt widerspricht, so wird derselbe doch keinesweges vermieden, wenn es gilt, die inneren Gefühle der Zuhörer aufzuregen. Die Ironie des Schicksals beruht hierauf; aber dem besonnenen Zuhörer wird dieselbe nie unvorbereitet kommen, mögen auch die Gegensätze von Leid und Freude bei dem Wendepunct eines jeden Sophokleischen Stückes grundsätzlich noch so nah an einander gerückt werden. Der Effect in der Elektra unterscheidet sich hiervon, weil er uns nicht beabsichtigt erscheint, sondern aus der Situation unwillkürlich hervorgeht und dadurch naturgemäss wird. Niemand vermuthet im Eingang des Stückes, dass Elektras Leiden und Erlösung in demselben behandelt werden sollen, und der Dichter zog offenbar desshalb diesen Weg vor, weil ihn der Gedanke abschreckte, einen Muttermord als Motiv des Ganzen hinzustellen. Das Verhältniss der Parteien zu einander, das Unglück der Elektra und die Grausamkeit des Aigisthos, dass jene beflissen ist, nach wie vor den Vater durch ihre Klagen zu ehren und Rache an seinen Mördern zu bewirken, dies alles lehrt uns das Gebet, in dem der Prolog erst seine Vollständigkeit und Abrundung erhält.

Bekanntlich bilden die jedesmaligen Chorlieder den
Abschluss eines Epeisodion, indem sie daraus die Stimmungen
entnehmen, welche nach dem Willen des Dichters auf uns
einwirken sollen. Bei der Parodos ist dies nicht möglich;
denn der Chor hat den im Prolog erzählten Ereignissen
nicht beigewohnt, und es kann somit der Zusammenhang
zwischen ihr und dem Vorhergehenden nur ein äusserer
sein. Daher ist sie bestimmt, den Prolog zu ergänzen und
zur Klärung der ganzen Sachlage einen Beitrag zu liefern.
Zustände des Volkes und das Verhältniss, in dem der Chor
zu traurigen oder glücklichen Begebenheiten des Augen-
blicks steht, welche im Prolog bereits angedeutet sein
können, sind der gewöhnliche Gegenstand dieser Lieder.
Betrachtungen werden in der Parodos schlechterdings nicht
angestellt werden; schon das marschfertige Auftreten des
Chores verbietet dies. Wenn derselbe seinen Gemüths-
stimmungen in lehrreicher Weise nachgeben will, so muss
dies in der vollkommensten Ruhe geschehen; befindet er
sich dagegen in grosser Aufregung, so leiht er derselben
durch Tanz, welcher den Gesang begleitet, kräftigeren Ausdruck. Die Parodos des Königs Oidipus, wo die Gottheit
angerufen wird, dem allgemeinen Jammer abzuhelfen, des
Aias, in dem die Bedeutung des Telamoniaden und die
Liebe des Heeres zu ihm, sowie der Schmerz über sein
Unglück geschildert wird, und der Antigone, deren Antritts-
gesang die Freude der grossen Masse über den glänzenden
Sieg zum Gegenstand nimmt, entsprechen in jeder Beziehung dem angegebenen Zweck dieser Lieder. Auch die
Parados der Trachinierinnen ist, obgleich weniger in die
Augen springend, demselben Princip nachgebildet, nur mit
dem Unterschied, dass der aus Frauen zusammengesetzte
Chor in seinen Beileidsbezeugungen für Dejaneira den
Empfindungen des Mitleids in etwas erhöhtem Grade nachgiebt. Die übrigen drei Stücke, insbesondere der Philoktet
und Oidipus, konnten der Parados nicht ganz dieselbe Stellung einräumen, weil es sich in ihnen um einzeln stehende

Helden handelt, von deren Schicksalen der Chor bei seinem
Auftreten noch nicht unterrichtet ist. In der ersten Tragödie
wird er daher von seinem Herren belehrt, wie er sich zu
verhalten habe und was ihm bevorstehe; dabei kann er
sein Mitgefühl für den unglücklichen Philoktetes nicht unter-
drücken. In der zweiten aber tritt er durch das Gespräch
mit Oidipus erst in eine Beziehung zu diesem, welche bisher um so weniger stattfinden konnte, als er sich den
Mann erst aufsuchen musste, mit dem er zu thun bekam.
Es erhellt aus dem Gesagten, warum die Form beider
Parodoi eine dilogische sein musste, eine wirkliche Ab-
weichung von der oben aufgestellten Regel ist weder in
dieser noch jener Tragödie vorhanden.

Eine vielleicht etwas auffallendere Erscheinung bietet
die Parodos des aus Mykenäischen Jungfrauen zusammenge-
setzten Elektra-Chores, welche sich der äusseren Form nach
an die beiden zuletzt genannten anschliesst. Da der Chor
von vorne herein mit dem Zustande der Elektra bekannt
war, so konnten wir, ebenso wie in den Trachinierinnen,
einen Gesang erwarten, in dem eine Befreiung derselben
aus ihren Leiden durch die Ankunft des Orestes herbeigewünscht wäre. Dies vermied der Dichter offenbar, weil es
diesen Jungfrauen schlecht angestanden hätte, wenn sie,
was kaum zu umgehen war, ein unumwundenes Urtheil
über das herrschende Fürstenpaar abgegeben hätten. Statt
dessen wird der Inhalt des Gebetes weiter ausgeführt und
der Gedanke: Nicht werde ich lassen von Klagen und
Trauer, so lange ich das Tageslicht schaue, — fort und fort
gesteigert, so dass Elektra schliesslich ausruft: Lasset mich
so rasen und in meiner schrecklichen Lage will ich diese
Jammerklagen nicht fesseln. — Alle Versuche des Chores
aber, sie zu trösten und in ihrer Leidenschaft zu mässigen,
scheitern; denn in der Rache für ihren Vater liegt die einzige Möglichkeit eines Trostes. Auf diese Weise gewann
Sophokles nach zwei Seiten eine Ergänzung des Prologes.
Erstens characterisirt er uns die Hauptheldin des Stückes,

deren ganzes Wesen bisher nur angedeutet war, und zweitens wird in einer am meisten der Parados der Trachinierinen entsprechenden Weise klar auseinander gesetzt, von welcher Gesinnung gegen die Hauptheldin sich diese Schaar von Jungfrauen leiten lässt. Die Führerin fasst den Grundgedanken, von dem ihre Begleiterinnen beseelt sind, in den Worten zusammen: Dein Wohl liegt mir ebenso wie mein eignes am Herzen, Maass in der Klage würde für dich selbst und für theilnehmende Freundinen vortheilhafter sein; doch wollen wir dir gerne nachgeben. — Die harmonische Verbindung von Prolog und Parodos der Elektra wird aus dem Folgenden noch besser erhellen. Um den Zustand der Elektra gleich von vorne herein richtig zu beurtheilen, muss diese sofort im Eingange des Stückes als der grössten Reizbarkeit oder richtiger einer Heftigkeit unterworfen geschildert werden, zu der sich Antigone erst allmälig fortreissen lässt. Eben weil sie seit langen Jahren in der verzweifeltsten Lage ausharrt, weil sie vergeblich hofft, dass der einzige Wunsch ihres Herzens, neben dem nichts weiter Platz ergreifen darf, endlich einmal sich erfülle, weil sie unausgesetzt den Gegenstand ihres ganzen Hasses im Genusse der königlichen Ehren und des höchsten Ansehens im Staate an Stelle ihres unglücklichen Vaters sieht, konnte der Dichter, der den Zuschauer hier zuerst mit einem von der edelsten Leidenschaft durchglühten Weibe bekannt machte, dasselbe nur in aufgeregterer Weise darstellen. Er bedurfte dazu eines anderen Versmaasses als des Trimeters, und in Folge hiervon sah er sich genöthigt, theils, wenn er von der gewöhnlichen Anlage seiner Stücke nicht abweichen wollte, die Orestscene vorauszuschicken, in der der ganze Hergang ruhig und besonnen ist, theils aber den Chor mit hineinzuziehen. Denselben pflegt nämlich Sophokles gemeinhin mitwirken zu lassen an Stellen, in denen er sich des strophischen Versmaasses zum Zwiegespräch bedient. Der Grund hierfür beruht nicht blos auf dem Herkommen, sondern ist in dem

Wesen des antiken Dramas zu suchen. Alle Reden und
Gespräche der handelnden Personen bewegen sich in einem
idealen Gleichmaasse; nicht durch ein leidenschaftliches
Minenspiel, welches der Masken wegen unmöglich war, oder
durch heftige Bewegungen, welche der Kothurn und die
übrige schwerfällige Kleidung verboten, brachte man Eindruck hervor, sondern durch ruhige Würde und die Macht
des Wortes übte man eine Gewalt aus, die wir uns jetzt
am besten vorstellen können, wenn wir die Schönheit eines
plastischen griechischen Kunstwerkes auf unser Gemüth
wirken lassen. Im Vergleich hierzu hat der Chor etwas
Erhabenes. Tanz und Musik, von denen diese ihn immer,
jene öfter begleitete, gaben ihm eine grössere Beweglichkeit. Fand also ein Zwiegespräch zwischen dem Chor und .
einer handelnden Person statt, so musste sich diese, wenn
zwischen beiden Theilen der Gegensatz ausgeglichen werden
sollte, aus ihrer gewöhnlichen Stimmung mehr zu der des
Chores bequemen und damit ergab sich von selbst, dass
diese Scenen aufgeregter wurden. Dagegen liess sich der
Chor von seinem in Trimetern redenden Führer vertreten,
wenn er seinerseits sich in das Gespräch der handelnden
Personen einmischte. Erklärt sich so ohne Schwierigkeit
die dilogische Form unserer Parodos, so mag schliesslich
noch darauf aufmerksam gemacht werden, dass Elektra nur
dem Chore gegenüber sich ganz in ihren Leiden und Empfindungen geben konnte. Denn vor Chrysothemis, an die man
denken könnte, durfte sie in laute Klagen nicht ausbrechen,
da sie dieser stets fest und thatkräftig entgegentreten
musste.

Es wäre überraschend, wenn Sophokles, obgleich Prolog ·
und Parodos, wie wir gesehen haben, in der Hauptsache
überall gleichmässig gearbeitet sind, gerade in dem Theile
des Dramas, welcher die eigentliche Handlung enthält,
einer ganz willkürlichen Anordnung gefolgt wäre. Sobald
wir nämlich mit Schneidewin nur Stasima und Hyporchemata
als Grenze der einzelnen Epeisodien annehmen, so kommen

auf Elektra, Philoktet und Aias deren drei, auf den ersten Oidipus vier, auf Antigone und Trachinierinen fünf; im zweiten Oidipus aber, der hiernach vier Epeisodien haben musste, giebt Schneidewin sechs, weil er zweimal (nach vs. 509 und 1446) kommatische Particen, die ihm sonst Theile der Epeisodien sind, als Pausen in der Handlung ansieht. Ganz anders verfährt Wolff, der z. B. die Elektra in vierzehn Auftritte zerlegt und daneben fünf Epeisodien angiebt (1. 250 — 470 Stasimon. 2. 516 — 823 Kommos. 3. 811 — 1057 Stasimon. 4. 1096 — 1231 Kommos. 5. 1288 1383 Stasimon und Kommos). Mag man nun die Epeisodien mit den Scenen oder Acten des modernen Dramas vergleichen, sie sind jedenfalls die einzige Eintheilung, welche von Aristoteles für das eigentliche Hauptstück erwähnt wird. Es kann daher mit Rücksicht auf die sonst so festen Bestimmungen, denen der Dichter folgt, kaum bezweifelt werden, dass auch hier nach einem gewissen Plan verfahren wird. Da aber unter Epeisodion nach seiner ursprünglichen Bedeutung weiter nichts als die Zuthat zu — oder das Einschiebsel zwischen den chorischen Particen verstanden werden kann und da die Kommoi dazu bestimmt sind, lebhaftere Gefühle einer handelnden Person im Wechselgespräch mit dem Chore zum Ausdruck zu bringen, ohne dass die Action selbst gefördert wird, so dienen dieselben dem Dichter, ebenso wie sie von ihm zur Parodos benutzt werden, als Stellvertreter der Stasima, und zwar vornehmlich an Stellen, wo uns der Leidenszustand einer Hauptperson in seinem ganzen Umfange vor Augen gestellt werden soll. Dies geschieht z. B. im Aias, wo dieser zuerst nach dem Wuthausbruch seinen Landsleuten sich zeigt, im Philoktet, wo der von Neoptolemos verlassene Held sich der Aussicht auf Rettung beraubt sieht, in der Antigone, ehe sie zum Tode abgeführt wird, wo sich der Kommos an den Eroschor anschliesst, und in der Elektra, als sie die Nachricht vom Tode ihres Bruders erhalten hat. Etwas anderer Art ist der Kommos des ersten Oidipus, in dem der Chor eine Versöhnung zwischen Oidipus und Kreon herzustellen und vor allem der Leidenschaft des ersteren ein Ziel zu setzen sucht, wobei er ihn an seine Pflicht als König, an die Rettung des Vaterlandes erinnert. Auf diese Weise lassen sich für sechs Sophokleische Tragödien fünf Epeisodien feststellen, für den unverhältnissmässig langen Oidipus auf Kolonos aber sechse. Der Hergang des Dramas ist in allen ein gleichartiger. Die beiden ersten Epeisodien bereiten die Verwicklung so weit vor, dass der denkende Zuhörer im dritten zu der höchsten Spannung gelangt und für das vierte eine Beantwortung sei es nun des Sieges oder des Unterganges derjenigen Partei verlangt, welche dem allgemeinen Rechtsgefühl nach einem anderen Schicksal hätte verfallen sollen. Daher muss der bis dahin siegreiche Theil schliesslich im fünften Epeisodion vermöge der sogenannten Ironie des Schicksals zur Nachgiebigkeit gegen den erliegenden gezwungen werden, worauf dann in der Exodos die Wirkungen dieses Umschlags in einer meist tragischen, immer aber unser sittliches Gefühl befriedigenden Lösung dargestellt werden. In der Antigone z. B. geht im dritten Epeisodion der Streit zwischen Kreon und Haimon vor sich, der einen Aufschub des Schicksals der Antigone unmöglich macht. Nachdem wir diese daher im vierten auf ihrem letzten Wege finden, bleibt im fünften die Wendung nicht aus, welche zu Ungunsten des Tyrannen ausfallen muss. Im Aias ferner eröffnet Tekmessa dem Chore das entsetzliche Geschick des Helden, darauf erscheint dieser selbst und nimmt von seinem Sohne Abschied, um im dritten Epeisodion unter dem Scheine einer Aussöhnung mit sich und der Welt das Zelt zu verlassen, weil er, wie er sagt, den Zorn der Göttin besänftigen will. Der Zuschauer kann keinen Augenblick zweifeln, dass Aias nur im Tode seine Ruhe wieder gewinnen könne, wogegen Tekmessa und der Chor seinen Vorstellungen Glauben schenken. Der vierte Auftritt bringt dann auch die verhängnissvolle Botschaft von Teukros, dass sein Bruder nur an diesem Tage das Zelt nicht verlassen solle, und zugleich als Antwort hierauf die Abschiedsrede und den Tod des Aias. Da das Publikum aber mit einem solchen Ausgang eines Athenischen Heros nicht einverstanden sein kann, so spricht Teukros, der es von Kalchas vernommen hat, die Versicherung aus, dass die Gottheit nicht mehr zürne und dass diesem Manne mehr als einem anderen ehrenvolle Bestattung zukomme. Der Streit zwischen ihm und Menelaos wird dann, wie es nicht anders sein konnte, in der Exodos dem Wunsche aller gemäss entschieden. Weiter vergegenwärtigen wir uns den ersten Oidipus, dessen erste beiden Epeisodien den Oidipus mit Teiresias und Kreon hadernd darstellen, in dem folgenden Jokaste-Auftritt beschliesst dieser einerseits den einzigen Zeugen auszufragen, der bei dem Morde des Laïos zugegen war, andererseits sucht Jokaste den Gatten zu beruhigen, indem sie auf die Trüglichkeit der Scherkunst hinweist, wonach das folgende Epeisodion den Oidipus auf den Gipfel seines Glückes erhebt. Denn Polybos war gestorben und er selbst damit Träger zweier Kronen, die Unrichtigkeit des Orakels schien erwiesen und es muss daher im fünften Epeisodion zur Wiederherstellung des göttlichen Rechts der ganze Jammer sich enthüllen, von dessen Folgen dann wiederum die Exodos handelt. Wir übergehen die Trachinierinen und den Philoktet, welche ohne Mühe sich dieser Anordnung fügen, und bemerken, bevor wir zur Elektra zurückkehren, nur noch weniges über den Oidipus auf Kolonos. Dieses Stück entbehrt jener stricten und klaren Disposition der übrigen, weil der Hauptheld zweimal, im dritten und fünften Epeisodion, das höchste Mitgefühl der Zuhörer in Anspruch nimmt. Nachdem Ismene dem Vater die von Theben her drohende Gefahr gemeldet und Theseus nächstdem seinen Beistand zugesichert hat, beraubt Kreon den Unglücklichen seiner einzigen Stützen, der Töchter, und bewirkt dadurch, dass der vielgeprüfte Mann in der höchsten Noth seinem Leiden zu erliegen droht. Allerdings bereitet das rechtzeitige Dazwischentreten des

Theseus die glückliche Rückeroberung der Töchter und die Freude des Vaters im folgenden Epeisodion vor; in demselben spinnt sich aber zugleich ein neuer Kummer für Oidipus an, indem er den Ueberredungen, seinen Sohn Polyneikes zu sehen, nachgeben muss und dadurch wiederum in den schrecklichen Zustand versetzt wird, diesen zu verfluchen. Erst hiermit hat er seine Lebensaufgabe beendet und die Erlösung durch die Gottheit wird ihm im sechsten Epeisodion nicht mehr vorenthalten. Der Schluss entspricht dem der anderen Tragödien. Das Verhältniss der Epeisodien des zweiten Oidipus zu denen der übrigen Stücke würde also etwa folgendes sein; das dritte und fünfte steht auf einer Stufe mit dem vierten, das vierte und sechste mit dem fünften jener, und statt der ersten drei finden sich hier nur zwei Epeisodien. Obgleich wir also in diesem Stücke nicht unbedeutenden Abweichungen von der allgemeinen Regel begegnen, so ist doch das Grundprincip, nach dem das Sophokleische Drama gearbeitet ist, auch hier nicht aufgegeben.

Die Wolffsche Epeisodien-Eintheilung der Elektra kann nach dem Gesagten nicht mehr in Zweifel gezogen werden. Wenn uns Prolog und Parodos den Zustand der Elektra zur klaren Anschauung gebracht haben, so tritt im ersten Epeisodion zweierlei hinzu, welches auf eine grössere Verwicklung der Verhältnisse hinarbeitet. Chrysothemis hinterbringt ihrer Schwester den Beschluss des Aigisthos, die Tochter lebendig einmauern zu lassen; zu gleicher Zeit aber ist sie im Begriff für ihre Mutter am Grabe des Agamemnon zu opfern, weil dieselbe durch einen beunruhigenden Traum heftig erschreckt ist. Das entschiedene Dazwischentreten der Elektra bringt sie von ihrem Entschluss zurück. Wie wir durch den Traum auf die nahende Rache der Götter hingewiesen werden, ebenso erweckt jene Drohung andererseits unsere Besorgniss, ob Orestes zur rechten Stunde eintreffen werde und wie Elektra der Gefahr zu entgehen im Stande sei. Beiden Ereignissen gegenüber bewährt sich die

7

Hauptheldin in ihrer Energie; während sie für das eigne
Wohl ganz unbesorgt ist, zeigt sie ihr geistiges Uebergewicht über die Schwester, indem sie dieselbe zwingt, in
ihrer neutralen Stellung zu beharren und aus ihrer Passivität wenigstens anch nicht zu Gunsten der Klytaimnestra
herauszutreten. Das folgende Epeisodion bringt die weitere
Ausführung des ersten. Der heftige Streit zwischen Tochter
und Mutter erlaubt nicht das geringste Bedenken darüber
mehr, dass eine von ihnen beiden erliegen müsse; dass aber
Klytaimnestra jetzt sogar selbst zu opfern sich anschickt,
belehrt uns von den grossen Gewissensbissen, welche ihr
keine Ruhe lassen und sie in fortdauernder Furcht erhalten.
„Mord wird durch Mord gesühnt und du musst deshalb,
wenn dir Recht widerfahren soll, vor allen sterben." Diese
Worte Elektra's stehen in schneidendem Gegensatz zu dem
Gebet der Königin, worin sie von dem Gotte die Erhaltung
ihres Thrones und ihrer Reichthümer gegen die Nachstellungen der Feinde erfleht. Man wundere sich nicht, dass
der Dichter seine Elektra nicht den Versuch machen lässt,
auch die Mutter von dem Opfer am Grabe fern zu halten;
theils musste sie einer äusseren Gewalt weichen und es
war in jeder Beziehung mehr angebracht, wenn sie sich in
einen ungleichen Streit nicht einliess, in dem sie unterlegen
wäre, theils konnte ihr ein Opfer aus den Händen der
Mörderin unmöglich von irgend welchem Gewinn für diese
erscheinen. Indessen reicht dies für unser Epeisodion noch
nicht aus; allerdings haben sich die Leidenschaften, wie
aus dem Bisherigen hervorgeht, gesteigert, aber die Handlung erhält erst einen wirklichen Fortschritt durch die Nachricht vom Tode des Orestes, und diese wird wiederum mit
grosser Kunst als unmittelbare Antwort der Gottheit auf
das heuchlerische Gebet eingeführt. Ebendeshalb ist auch
sie trügerisch und nichtssagend, unbeschadet der Einwirkung, welche sie nothwendig in der verschiedensten Weise
auf die Frauen ausüben muss. Die Unnatur der Mutter,
welche sich nunmehr, wo sie nichts zu fürchten hat, in

ihrem ganzen Uebermaass offenbart, giebt ihren Kindern
ein um so höheres Recht, sowohl ihrer eigenen Selbsterhal-
tung wegen, als auch um ein göttliches Gesetz zu wahren,
eine That zu begehen, die an und für sich im Widerspruch
steht mit unserem sittlichen Gefühl. Das Stück in seiner
Entwicklung hat aber hiermit noch nicht seinen Gipfel er-
langt. Elektras wahre Empfindungen können sich erst
äussern, wenn Klytaimnestra abgetreten ist; erst dann erfahren wir, was sie jetzt anfangen wird. Nachdem sie aber
mals vor dem Chore ihren ganzen Schmerz ausgeschüttet
und mit ihm, so weit es erlaubt ist, getheilt hat, erscheint
Chrysothemis voll der besten Hoffnungen. Die Locke auf
dem Grabe des Vaters sagt ihr die nahe Ankunft des
Bruders vorher, und ihre Freude darüber belehrt uns von
neuem, wie Chrysothemis, wenn auch unfähig zu handeln,
im Herzen der Schwester gleichgesinnt ist. Wird hierdurch
das Auftreten der Chrysothemis motivirt, so vergewissert
es den Zuschauer zugleich von dem ungestörten Fortgang
desjenigen, was sich hinter der Bühne zutragen muss, bevor
Orestes seine That vollführen kann. Die entgegengesetzte
Kunde, welche Elektra darauf der Schwester mittheilt von
dem Tode des Orestes, übt auf diese einen geringeren Eindruck, als man auf den ersten Augenblick erwarten sollte.
Da sich jedoch Elektra bereits aus ihrem grössten Schmerze
zu einem Entschlusse erhoben hat, bei dem sie die Mit-
wirkung jener fordert, so gelangt dieselbe gar nicht zur
vollständigen Sammlung über dieses traurige Ereigniss und
wird ebenso in Anspruch genommen von Besorgniss für
ihre Schwester, wie sie sich der Aufforderung nicht gewachsen glaubt, die an sie gestellt wird, mit Elektra an
Stelle des Bruders das Amt zu übernehmen, das den beiden
allein noch übrigen Nachkommen des Agamemnon zukommt.
Sich nicht zu beugen und wenn auch der Verzweiflung
nahe, gleichwohl, so lange noch irgend eine Aussicht auf
Rettung vorliegt, muthig dagegen anzukämpfen, hierauf beruht das eigenthümliche Wesen der Elektra; das stille

Dulden der Schwester, um sich ein erträgliches Schicksal zu schaffen, hält sie für verwerflich. Ein solcher Character wird nicht leicht zur Rathlosigkeit sich erniedrigen; hatte die Jungfrau doch mit eiserner Standhaftigkeit, ohne sich je untreu zu werden, einen Gefallen darin gefunden, für ihren Vater Erniedrigung und jegliche Unbill zu tragen. Euripides vermählte, um dies zu vermehren, seine Elektra einem gemeinen Mann, an den sie Aigisthos wegzuwerfen dachte; dem Sophokles genügt es in seiner Heldin eine Tochter darzustellen, welche von dem ungeheuren Seelenschmerz zerrissen ist, die Mörder des unschuldig erschlagenen und hoch gepriesenen Vaters, des Agamemnon — einen Aigisthos und eine Klytaimnestra an seiner Stelle auf dem Throne von Mykenai zu sehen. Diese Elektra also entschliesst sich im dritten Epeisodion selbst Rache zu üben; die einzige Hülfe, die ihr werden kann, ist Chrysothemis, und als diese hiervor zurückschreckt, als sie keinen Anklang findet, steht sie allein auf sich angewiesen da. Und doch hat sie mit einem Feinde zu ringen, dessen äussere Macht befestigt ist und den zu überwinden die schwachen Kräfte des Weibes nicht ausreichen. Wenn Antigone von ihrer Schwester bei der Beerdigung des Polyneikes verlassen wird, so bedauern wir dieselbe, aber wir sagen uns, dass sie im Stande ist, auch ohne ihre Hülfe die That zu begehen. Die Weigerung der Chrysothemis überantwortet die Elektra theils dem traurigen Geschick gänzlicher Vereinsamung, theils wird die Aussicht auf glücklichen Erfolg des beabsichtigten Unternehmens bedeutend herabgestimmt. Nehmen wir hinzu, dass Aigisthos, wie im Anfang erzählt war, die Beseitigung Elektras vorhabe, sobald er zurückgekehrt sei, so können wir wohl behaupten, dass für jeden, dem das Apollinische Orakel nicht bekannt ist, alle Versuche der Elektra noch etwas durchzusetzen eitel und nichtig erscheinen. Dies spricht denn auch der folgende Chorgesang aus, in dem uns verkündet wird, dass das Haus der Pelopiden in so hohem Grade kranke, dass auch die

beiden letzten Glieder desselben zu einem einheitlichen
Entschluss nicht gelangen können.

Das vierte Epeisodion des Sophokleischen Dramas wird
uns gemeinhin die rührendsten und ergreifendsten Auftritte
bringen, nirgends aber ist dies mehr der Fall als in der
Elektra. Allerdings erkennt der Zuschauer sofort in dem
Ueberbringer der sterblichen Ueberreste des Orestes diesen
selbst und empfindet dadurch eine gewisse Beruhigung;
nichts destoweniger stellt uns der Dichter erst jetzt seine
Elektra in dem grössten Elend dar, ja ihr fester Character
wird bei Empfang dieser theuren Ueberbleibsel übermannt,
und die trostlose Verlassenheit, in der sie allein auf der
Welt dasteht, giebt ihr eine Muthlosigkeit, die an Verzweiflung und Hoffnungslosigkeit grenzt. Die Rede, welche
Elektra zu der Urne ihres Bruders hält, kann auf den Zuschauer nur den einen Eindruck des tiefsten Mitgefühls für
sie erregen, und dieser eine Eindruck muss ein so gewal-
tiger sein, dass wir darüber vergessen, dass Orestes vor uns
steht. Der augenblickliche Zustand der Jungfrau nimmt
uns ohne jeden Nebengedanken in Anspruch und Orestes selbst
wird von dieser Fülle reinster, geschwisterlicher Liebe so
ergriffen, dass er die ihm von der Gottheit gebotene Haltung
auf geheimem und listigem Wege die That zu begehen, vergisst und jenem Schatten menschlichen Daseins sich zu
erkennen giebt. Insofern sich mit der Wiedererkennung
der Geschwister die Leiden der Elektra enden und eine
Umwandlung ihres Zustandes augenblicklich eintritt, wird
man behaupten, dass sich im vierten Epeisodion etwas zu-
trage, was dem fünften angehöre. Da indessen mit dieser
Wiedererkennung nicht nur nichts für die Lösung des
Ganzen sich ereignet, sondern vielmehr, weil sie zu früh
erfolgt, bei den Zuschauern die gegründete Besorgniss erweckt wird, dass durch rechtzeitiges Dazwischentreten des
Aigisthos oder der Klytaimnestra der ganze Plan vereitelt
werden könne, so entsteht in dem gläubigen Athener gerade
jetzt die höchste Spannung, wo er nicht weiss, wie weit

Orestes seiner Aufgabe gewachsen sein und ob er über seine Gefühle Herr werden wird, bevor es zu spät ist. Elektra selbst freilich sieht die Sache anders an; durch listige Erdichtung von Orestes Tode sei es gelungen, diesen wohlbehalten zu den Seinigen zu führen. Als ob derselbe alles erreicht habe, seitdem er mit ihr vereint sei! Uns aber das Verständniss dieses Epeisodion vollständig zu machen, können wir des sich anschliessenden Kommos nicht entbehren, der abweichend von anderen ohne Einmischung des Chores allein zwischen den Geschwistern stattfindet. Die Besonnenheit des Orestes contrastiert hier mit der Siegesgewissen Leidenschaftlichkeit der Elektra, die unvermögend, sich mässigen zu können, sich bereits am Ziele ihrer Wünsche glaubt, wo sie ihren Bruder wieder hat. Es braucht nicht auseinander gesetzt zu werden, dass wir auch aus psychologischen Gründen einen Stillstand der Handlung gerade an dieser Stelle fordern; nicht blos die weibliche Seite in dem Character der Elektra kehrt sich hier hervor, indem sie mit der ihr eigenen Leidenschaft die Hand des Mannes ergreift, um sich an ihr aufzurichten, sondern auch die rein menschliche. Wer sollte nach so grossen Leiden einen seit Jahren ersehnten Augenblick unsagbarer Freude nicht so lange als möglich festzuhalten suchen und sich demselben ganz ergeben? Absichtlich vermied der Dichter auch wohl den Chor in dieses Gespräch mit hineinzuziehen, er durfte nur der stumme Zeuge eines Glückes sein, dessen ganze Bedeutung wir aus keinem Munde besser vernehmen können, als aus dem der Elektra.

Das Auftreten des Paidagogen im fünften Epeisodion bringt wieder Leben und Bewegung in die Handlung, er beruhigt uns über die Verhältnisse im Innern des Hauses und fordert zu schnellem Vorgehen auf, so lange Aigisthos noch abwesend sei und Klytaimnestra in dem falschen Glauben vom Tode des Orestes befangen. Die Aufgabe dieses Epeisodion, das in unserem Stücke besonders kurz ausfallen musste, weil jedes längere Säumen gefährlich wurde, ist hiermit gelöst und der Exodos bleibt nur noch die Ausführung desjenigen, worauf durch das ganze Stück hingearbeitet ist. Dass der Chor ebenso wie der Zuschauer des Erfolges sicher sind, beweist uns sein letztes Lied, an welches sich nun nach Wolff ein Kommos anschliesst, auf den erst mit dem Erscheinen des Aigisthos (vs. 1442) die Exodos folgen soll. Diese Eintheilung halten wir aus verschiedenen Gründen für unrichtig. Erstens bestimmt Aristoteles als Grenze der Exodos das letzte Lied (μέλος) des Gesammtchores; unter den Worten (1419—21 und 1430—1441), welche der Chor der Elektra anräth, wie sie mit Aigisthos verfahren solle, können wir aber unmöglich ein Lied verstehen. Ja es ist sogar viel wahrscheinlicher, dass diese Worte, wenn auch nicht die Chorführerin, so doch nur ein Theil des Chores gesprochen habe. Fast alle seine Aeusserungen (höchstens ausgenommen 1419—21) in diesem Kommos machen sich viel besser aus dem Munde eines Einzelnen, als Vieler. Zweitens ist es eine Eigenthümlichkeit der sämmtlichen, uns bekannten Exoden des Sophokles, dass man sie in zwei Theile zerlegen kann, so dass auch dieser Theil des Dramas, wie die sämmtlichen Epeisodien, noch einen Fortschritt oder, wenn man lieber will, eine Ausführung des Schlussereignisses giebt. In der Antigone meldet der Bote das Ende der Antigone und des Haimon und bereitet die Ankunft des Kreon vor, der dann mit dem sichtbaren Zeichen seiner Schuld auftritt; darauf wird der Schmerz des Königs bis zum höchsten Grad gesteigert, als der Exangelos die Leiche seiner Gemahlin zeigt und so Unglück zum Unglück häuft. Nicht anders werden wir im zweiten Oidipus zuerst von den letzten Schicksalen des Oidipus unterrichtet und nächstdem ereignet sich der Auftritt zwischen Theseus und den Töchtern. Die Exodos des Philoktet lässt sich ohne Schwierigkeit in die Scenen zwischen Philoktet - Neoptolemos und Herakles-Philoktet, des Aias aber in die Scenen zwischen Teukros-Agamemnon und Agamemnon-Odysseus-Teukros, des ersten

Oidipus endlich in die Scenen zwischen Exangelos-Oidipus-Chor und Oidipus-Kreon scheiden. Auch in den Trachinierinen, wo freilich äusserlich diese Scheidung weniger bestimmt hervortritt, ist insofern eine entschiedene Zweitheilung der Exodos wahrzunehmen, als uns Herakles zuerst unbeugsam geschildert wird und wild in seinem Zorne und Schmerz, wogegen er, nachdem er von dem Nessosgewand vernommen hat, plötzlich in sich geht und einer höheren Hand sich fügt. Die beiden Ereignisse der Exodos der Elektra sind der Tod der Klytaimnestra und des Aigisthos; das erste als das wichtigere wird vorangeschickt, wogegen das letztere nur als Ergänzung und Vervollständigung angesehen werden darf. Nimmt man unserer Exodos den Untergang der Klytaimnestra, so wird sie theils aufhören der Abschluss zu sein von dem, was im Stücke selbst vorbereitet ist, theils wird sie einen durchaus nebensächlichen und untergeordneten Stoff behandeln, der eben nur als Consequenz eines wichtigeren Vorganges zu betrachten ist. Wenn auf diese Weise die fragliche Partie für die Exodos überhaupt nicht entbehrt werden kann, so lässt sich drittens dieselbe auch in der Disposition des ganzen Stückes gar nicht anderweitig unterbringen. Denn da im eigentlichen Kommos die erregteren Gefühle handelnder Personen wiedergegeben werden sollen, so können in demselben nicht wirk- liche Thatsachen, wie Klytaimnestras Tod vor sich gehen, noch dazu ein Ereigniss, welches den Endzweck des ganzen Stückes in sich schliesst. Es würde also nur übrig bleiben, ein sechstes Epeisodion anzunehmen, welches in seiner äusseren Form einem Kommos gliche. Hiergegen spricht jedoch einerseits das Fehlen eines Schlusschorliedes, ein Umstand der in diesem Falle eintreten würde, andererseits wäre in demselben immer etwas abgehandelt, das in anderen Stücken der Exodos angehört. Denn es trägt sich hier, wenn auch hinter der Bühne, etwas vor den Ohren der Zuhörer zu, was sonst durch einen sehr ins Besondere gehenden und anschaulichen Botenbericht uns hinterbracht wird. Zu dem

Gesagten bemerken wir schliesslich, dass fast in allen Sophokleischen Exoden gerade ähnliche kommatische Partieen uns begegnen und begegnen müssen, weil die Begebenheiten in ihnen, wo ein Erliegen des einen Theiles dargestellt wird, das sich mit der scheinbaren Niederlage im vierten Epeisodion nicht vergleichen lässt, besonders heftiger und aufgeregter Art sind, so dass sie dem ruhigen Dialog nicht entsprechen. Wir werden also unbedenklich die Exodos der Elektra mit dem 1398ten Verse zu beginnen haben.

Wenn allen Sophokleischen Stücken eine grossartige allgemeine Idee zu Grunde liegt, wonach Religion und Sitte des Menschen gewogen wird, so zeigt sich nicht minder für alle Theile seines Dramas ein festes Gesetz, nach dem dasselbe äusserlich geordnet und gegliedert ist, und von dem er selten und dann nur aus bestimmten Gründen abgewichen ist.